AQUARIUS

AQUARIUS

AQUARIUS

AQUARIUS

Catcher

一如《麥田捕手》的主角，
我們站在危險的崖邊，
抓住每一個跑向懸崖的孩子。
Catcher，是對孩子的一生守護。

琴鍵上的教養課2

當孩子最好的啓蒙導師

獅子老師 著

獻給王歐陽蒞女士——親愛的阿嬤

【推薦序】

從孩子的心教起

洪蘭（中央大學認知神經科學研究所所長）

很多人說「一個成功的男人背後都有個女人」，但是我卻不這樣認為，因為很多成功的男人，如牛頓、達文西、米開朗基羅並沒有結婚，但是每個成功的人背後倒是一定有個好老師，因為人並不是生而知之，一個人長到現在這麼大，會打開這本書來看，他一定經過了無數老師的調教。那麼什麼是好老師呢？當然就是那種使我們畢了業還常常回去看望的老師。

一個人一生中能遇見一個好老師就非常幸運了。一個好老師常決定孩子的一生，這就是為什麼國外大學每個領域入門的課都是找最好的老師去教，因為一個有教學熱忱的老師會把學生帶進這個領域，讓學生感受到學習的快樂與做研究的熱情。其實一個好老師上課所講的東西，畢業後早就忘掉了，但是老師的笑容、走路的姿態及諄諄善誘的樣子卻常在腦海浮現。獅子老師就是這樣一個老師，一個令學生常常回來探望的「人師」。

她的書文筆流暢、含意深遠，常使我拿起來了就放不下，通常是一口氣看完。每個孩子脾氣、個性不同，她因材施教，挑適合他們天性的曲子，讓他們感受到學琴的樂趣。雖然學生來學的是鋼琴，但是她同時還教他們禮儀、紀律。本來上鋼琴課，一個學生接著另一個學生，師生之間很少有閒可以交談，但是她的學生都能跟她發展出深厚的師生友誼，從這裡可以看到獅子老師的魅力。

我常感嘆獅子老師不能化做每一個人的老師。台灣的學生都對學習害怕，我有一個學生在做「自由聯想」的作業時，看到「學校」這個字，脫口而出的竟然是「恐懼」（註：自由聯想是心理學上一個想測知內心真正感覺的測驗，實驗者給受試者看一連串的字，要他們儘快的說出第一個進入心中的反應）。其實教學跟種樹一樣，順其天性就好。一千多年前唐朝的柳宗元就寫了《種樹郭橐駝傳》，告訴我們教孩子跟種樹一樣，「其本欲舒」，根是一定要讓它自由發展，樹才會長得壯；「其培欲平」，四周的土要填平，「其土欲故」，移栽時，越多的舊土越好，也不能一直拔起來重種，照顧孩子的人不能一直換，今天張三、明天李四；「其築欲密」，四周土要塞緊，不能讓小樹在土中搖晃，種下去後就不要再去管它，順其天性，讓它發展，一棵成棟梁的大樹就會這樣成長了。教養孩子無他，也是順其天性而已。如何順其天性呢？獅子老師的這本書就是個很好的指南，你會從她的許多故事中得到你的啟發和靈感。

有人說上帝不能照顧到每一個孩子，所以祂創造了母親，又因母親不能兼顧到孩子的每一個知識層面，所以祂創造了老師。碰到一個好老師是孩子終身的福氣，但願每一個老師都能像獅子老師一樣，從孩子的心去教起。

各方好評推薦

獅子老師的文字好比冬日暖陽，曬得人渾身舒坦，讓我變成隻貪婪渴愛的小花貓，瞇起眼睛四腳朝天，專心享受她的治療系魔力。就算不彈鋼琴、不懂教育，讀畢也會忍不住微笑輕嘆：要是我也有這樣的啟蒙老師——不管是在鋼琴課還是人生路上——該有多幸運？

——酪梨壽司

一頭會哈哈大笑的獅子，你見過嗎？獅子老師，就是頭會哈哈大笑的獅子。直爽風趣的她，帶領著孩子們徜徉並享樂於音韻之中，讓音符飛揚又沉穩地留駐在孩子的心靈裡。黑白相間的琴鍵上，獅子老師與學生們合奏的，是一篇篇的生命樂章。

——沙非

獅子雖以「老師」自稱，她的文字中從未流露絲毫「我懂你不懂」的職業神情。你讀出最多的是謙虛。因為她的虛心，再難搞的學生也能帶給她靈感與啟發；

因為她的謙讓，再無常的生命也能賦予她愛與盼望。謙讓宜人，就是獅子老師。

——錫安媽媽

你也許很好奇，是什麼樣的一位鋼琴老師可以讓學生感動落淚，一輩子都記得她？從和她學琴的那一刻開始，你會慢慢發現，你的內心無時無刻都因著她那無敵燦爛的笑容和那滿到溢出的愛心而觸動著。這，就是平凡中的她，而不平凡的——獅子老師。

——學生敏君

不認識她真的是你的損失！雖然她沒得過勞什子部落格大獎，但卻是難得的寫手；雖然她煮菜沒啥天分，但彈起琴來卻有大師風範；雖然她個性很急，但對學琴的孩子卻很有耐心！她，就是笑容爽朗又有赤子之心的獅子老師。從本書的字裡行間，你將發現她的幽默與細膩。

——痞子孔他牽手

不需要絢麗詞藻，沒有灑狗血的情節，獅子老師用平鋪直敘的口吻，溫柔述說每一段故事。細膩的文字看似不經意，卻深深觸動人心。像一朵盛開的火紅玫瑰，烙印在腦海，良久；像一杯口感醇厚的好茶，綻放在舌尖，回甘。

——下流美

獅子老師的文字沒有華麗的描述和深奧的詞藻。但這樣的文字更單純、更直接、更溫暖。這樣的文字讓人想起那一片金黃色的麥田，或是一口隱藏在沙漠裡的水井。獅子老師文章裡面的祕密，是用眼睛看不見的，你得要用心傾聽。——Solo

我一直覺得連鎖書店裡，那些陳設在顯眼櫃台的書，這麼大刺刺的，太招搖。愛聞舊書味的倔強總覺得好書應該放在某個充滿灰塵的角落。直到我看見了獅子老師的書，才發現，差一點就錯過了一篇篇難能可貴，令人動容的文字。——Kris with a K

我在台灣的教育體制下學了十幾年的音樂，衷心感謝過往的每一位音樂老師。但從來沒有一位老師教會我讀譜的能力和賞玩音樂的樂趣，而獅子老師做到了，所以我慶幸自己不只是她的讀者，而且還是她的學生。

——Bechild

琴鍵上的教養課2——**當孩子最好的啟蒙導師**

目錄

金黃秋實

「老師，怎麼辦？我手好痛，彈到第三頁我就彈不下了。」你說完，倔強的臉又是擔心，又是懊惱。

你來上課，拿了一包厚重的包裹給我。我接過來看，是申請大學的申請表格。

這麼快，何時那個小男孩已經長大，要展翅高飛了？

「老師，請你幫我寫推薦信，這是密西根大學，這是印地安那大學。你有一個月的時間，慢慢來，不要急。」我說好，送你到門口，我們很有默契地互看一眼，你說拜拜，我也說拜拜。你轉彎到走道，揮手說拜拜，我笑著說拜拜。

看不到你了，但我等著。馬克走進來等上課，他熟悉了我們的遊戲，他也等著。果然你沒有讓我們失望，即使看不到人了，你還是遠遠地傳來了一聲拜拜。

我又大喊拜拜，馬克要開始彈了。我說等等，我側耳聆聽，「拜……」遠處又傳來你的聲音。我笑了，我們的十八相送總算告一段落。

不知從何時起，我們開始了這個遊戲，這樣說再見。是你姊姊凱爾開始的嗎？好像也不是。

凱爾開始來上課，你也跟來，和媽媽在一旁等著。而上完課，媽媽和凱爾總有說不完的話要和我聊，你一個小男生安安靜靜地等在一旁，大大的眼睛黑溜溜地看著我們，你從來沒有吵著要她們快結束談話，也沒有一次看你有過不耐煩的神情。

我注意到很少小弟弟像你這麼乖巧，而你總是穿著一雙紅色的靴子，那是雙牛仔靴子。你一定覺得它們很酷，因為你沒有穿過別的鞋子。

等你大了些，也開始學琴了。你不在意用姊姊的舊譜，問你要不要換新的，你執意地搖頭，從一開始你就是個認真的學生。

後來我才知道你的計畫，當你晉級到姊姊彈的等級，你很酷、默不出聲地接過課本，看到姊姊彈過曲子的記號，你的眼睛亮了起來。

後來凱爾告訴我你一回家，繞著家開心地跑了好多圈，一邊跑，一邊大叫：「我要贏凱爾了，我要贏過那懶惰都不練琴的凱爾了。」

凱爾轉述給我聽時，我們大笑。

凱爾也承認自己太懶了，被趕上是理所當然。

你是喜歡鋼琴的吧，因為你曾經把鋼琴聯絡簿一頁頁地設計畫插圖，我常翻翻就笑了，你還隨著節日一一畫上應景的圖，像火雞啦、國旗啦。

我好喜歡那筆記本，直說等我們用完我要收藏。結果你說在回家的路上下起大雨，你一出車門，譜掉在地上，那筆記本就隨雨流失了。

當凱爾上了高中，沒有時間再繼續，而你也練得越來越好，進入了高級的程度，我建議你上一個小時的鋼琴課，而你媽媽後來也告訴我，你回家後，非常認真地練了一個小時的鋼琴。

其實你一直是個不需要人逼的小孩，因為你喜歡鋼琴，剛開始時你把凱爾當假想敵，但當你超越她，你知道鋼琴已經在你心中佔一席之地。

記得當時教了你《快樂的農夫》，你以為這是你這輩子彈過最難的曲子。你練好後還上台演奏，自此之後，只要我派給你曲子，你都會問：「有《快樂的農夫》那麼難嗎？」隨著時間過去，你越彈越好，曲子的難度早就超過了《快樂的農夫》。然後，我們不知不覺中被捲入了「黃蜂」時期。

一次你爸爸用電吉他彈《黃蜂練習曲》給你聽後，你瘋狂地愛上它，早也練，晚也練。

那是很精采的練習曲，由半度音組成，又上又下的半度音，還真像黃蜂飛來飛去的聲音。忙碌了兩頁後，接下去還轉調，黃蜂越飛越高，高到看不見，牠們又飛回來。

你剛開始時指法還不是很順，練了多次手指打結。我幫你寫下指法，也教你如何放鬆手腕和手肘，但不論多放鬆，你一天練五個小時的手終於抗議了。

「老師，怎麼辦？我手好痛，彈到第三頁我就彈不下了。」你說完，倔強的臉又是擔心，又是懊惱。

我要你休息。「你回家後，我不要你碰琴，完完全全休息一兩天後再練。不過，到時你也只可以一天彈一兩次。」

你聽到這裡要開口說話，我不讓你說下去：「你一直練這首，都沒有練習別的曲子，而你又彈得特別快，像敢死隊一樣，都沒有讓手有休息的機會，手當然會痛。你不聽我的話，手會沒有時間復元，好嗎？」

你不甘心地點點頭。我要你回家後，手泡泡熱水，也可以擦擦藥膏。

一天後你媽媽打電話來：「啊，老師，我們全家感謝你。」

「怎麼說？」

「自從我家艾克迷上了《黃蜂練習曲》，我們簡直是生不如死啊。每天，每天喔，我們都被一群黃蜂追著跑，他只要一彈，沒有一個小時不會停下來。我們到後來就逃到外面，凱爾常跑圖書館，而可憐的老爸老媽只好到林子裡散步了。」

我大笑，那時是冬天，天氣非常冷。

「所以你要他休息，我們全家謝謝你。」

那年的鋼琴演奏會上，你以這首《黃蜂練習曲》征服了全場觀眾，而很多小朋友也要我教他們。但你的爸媽只要一聽到小朋友這樣要求，就一直在旁邊搖頭。

上了高中後，你不僅自己組了搖滾樂團，當鋼琴手，還寫起歌來，而你從來沒有停下練習鋼琴的腳步。

你總會先彈貝多芬的奏鳴曲，讚嘆貝多芬的偉大，然後你會問我要不要聽你最新的作品。

身為一位鋼琴老師，可以教你貝多芬後，換來一首爵士樂，我想我是幸運的。

記得你剛開始接觸爵士鋼琴，上課時問我怎麼彈藍調音階及即興彈奏。我告訴你我的音樂教育背景裡沒有這項，不過在鋼琴上有關技巧的問題，我可以幫你。聽我這樣說，你有些失望。

回家後，你媽媽馬上打電話來：「我的寶貝兒子，對，就是那個天才，說你什麼都不會。這是怎麼一回事，我們付你那些學費，是白繳的嗎？」我聽得一頭霧水，因為你媽媽一向非常明理。

我正要問是怎麼回事時，她接下去說：「艾克說你什麼都不會，我想以後他自己教自己好了。」我聽了，瞭解了她在「修理」你！

我笑說因為你要學爵士，我這方面沒有受過訓練，不過我也說若鋼琴技巧方面有問題我可以幫他。

「喔，所以他還是有可以進步的地方。好，那我會告訴他，還是要尊敬老師。」她一說完，我們大笑。

鋼琴是你的，你擁有它，我知道。因為你沒有一天不彈琴，你對貝多芬的熱愛從來沒有減低過，Coldplay可以彈上幾首來討論和弦變化，蓋希文的前奏曲，你挑戰我可否彈得比你快。

忙完一天後，在這秋夜裡，放上你為我燒錄的CD，你自己寫的鋼琴藍調曲子，還有樂團的現場錄音。聽到有音階的樂句，我想起第一次教你怎麼彈音階，手指要怎麼轉；聽你的曲子轉調，知道你花了功夫，研究樂理；聽你彈琶音，知道蕭邦影響了你。

聽著聽著，我覺得驕傲，我是你的老師，你的鋼琴是我教的。原來看孩子長大，是這樣的榮幸，原來你給了我這份禮物。

我把申請表格抽出來，找了一枝筆，慎重地簽下我的名字。

你可知道？

你媽媽告訴我你上高中的第一天，上音樂課時，老師問有沒有人會彈鋼琴。出乎意料的，害羞的你，竟然舉手說你會。

老師問你願不願意上台彈一首。你毫不遲疑上台，彈了首華爾滋，全班為之傾倒。

老師問你和誰學琴，你大聲地說：「獅子老師。」

今晚打電話給你，終於聽到你清脆的聲音，我心裡放心不少。

曾幾何時，你的聲音已不是童音。叫我老師的聲音裡，有以前沒聽過的一些東西。說不出是什麼，而那些什麼讓我有些擔憂，有些心疼，有些不捨。

你說你很好，高中的課到目前為止很喜歡。雖然是新的學校，你適應得很好。

上週末剛參加了生平的第一次舞會，你興奮地告訴我禮服的花色及樣式。

我可以想像你高挑的身影，再把頭髮盤高，一定像個小公主。

你說你希望我可以幫你梳個髮髻。

「你記得嗎？老師，我以前上課前你總幫我梳頭，因為我去踢足球，滿身大汗之餘，頭髮像個瘋子一樣。你看不慣，梳子就拿出來了。」你說。

我笑了：「我怎麼會忘記？梳子都梳不動你的頭髮。現在想想，我真有勇氣去摸那油膩膩的頭髮啊。」我們大笑。

我當然記得把你的頭髮梳成髮髻，你爸爸來接你下課時看了驚豔，馬上叫我教他。

一個男子漢大丈夫，還是海軍上將，看我示範看得好專心。

我把你細軟的棕髮綁成一束，再反轉幾圈紮緊後，快速地把橡皮筋綁上。

他點點頭，馬上要試。我把你的髮髻鬆開讓他綁，他手大，力氣大，抓不到要領，你開始叫痛。

爸爸一急，頭髮抓得更緊。我看了就笑。他滿頭大汗地說，他要多練習。

你一臉驚慌地說，不用了，多付老師一些錢幫你綁頭髮才是真的。

後來一些小朋友來上課，也要求我幫她們綁頭髮。這是我沒有想過的「副業」。

而你一直是我心中的小女武神。

記得前一陣子你的朋友排擠你。你很鎮靜地告訴我，同學們不跟你一起吃午飯，你就一人吃。他們要傳播不實的謠言，你問心無愧就好。

在你的年紀，一切以朋友為主的時期，你可以把自己排在第一，不受他們影響，我非常以你為榮。

你媽媽告訴我你上高中的第一天，上音樂課時，老師問有沒有人會彈鋼琴，出乎意料的，害羞的你，竟然舉手說你會。

老師問你願不願意上台彈一首。你毫不遲疑上台，彈了首華爾滋，全班為之傾倒。

老師問你和誰學琴，你大聲地說：「獅子老師。」當媽媽轉述給我聽，我心裡非常感動。

記得你第一次來上課，躲在媽媽的身後。她介紹你的時候，你抓著她的裙角緊緊不放，而現在你可以大方地自願上台，多麼棒。

這個暑假你們因為爸爸的工作搬到別州，你媽媽和我常通信，知道你都適應得不錯，我也放心了不少。

上個月，她打電話來告訴我你的祖父過世了，我很難過聽到這個消息。

你在葬禮上都沒有哭，反而當起小主人，溫和的笑臉，謝謝前來的賓客們。

你的祖父是個很受人敬重的長者。我記得他有時陪你來上課，會在一旁看書。你上完課，他謝謝我後，就會抱抱你說彈得真棒，他會問你要不要去麥當勞吃霜淇淋，也會邀我一起去。

你們一起牽手走出琴房的背影我不會忘記，相信你也不會忘記。

你媽媽擔心你把一切都隱埋在心裡。這樣巨大的悲傷，她怕你無法解壓。

我告訴她，我會在這兒，只要你需要我時，我會在這裡。

昨晚我收到她的信。她說你終於哭了，讓心裡全部的悲傷傾洩。

媽媽說你哭著要祖父回來，你哭著要搬回小鎮，你哭著希望可以和我說話。我聽著，心都碎了。

這種悲傷，我親愛的小女孩，我們都會經歷，而我們都會走過來。

這痛不會隨著日子久遠而減輕，因為我們愛他們，我們會帶著這痛苦繼續過下去，我們對他們的愛不會因為他們不在而減少。

我多希望我可以去看你、抱抱你，告訴你，你會很好。但一通電話可以做到的實在有限，至少我終於聽到了你的聲音。

其實我想不是我安慰了你，而是你安慰了我。你的堅定口氣要我知道，是的，這一切不容易，但你可以的，你要我放心。

而我會在這兒，如你的守護天使，永遠傾聽、永遠相伴、永不遠離。你可知道？你可知道？

最初的道別

媽媽來安慰我，告訴我，我還小，以後會有更多的學生，而且真真學得很好，我教得很成功。

我沒有聽進去，我好傷心，一直哭，一直哭，哭了一個晚上。

專科一年級的暑假，媽媽告訴我鄰居林媽媽常聽我練琴，知道我是學音樂的。她女兒真真今年六歲，上幼稚園大班，問我想不想教她。

我聽了很吃驚，因為我並沒有任何經驗。媽媽說我可以想想當初怎麼學的，我們把以前學過的譜一一找出來，有拜爾、約翰湯姆遜、手指練習。我想或許我可以，於是興奮地告訴媽媽我願意試試看。

「哇，第一個鋼琴學生耶。」我想。

my first GOOD-BYE to you

真真來上課的第一天，老師和學生一樣緊張。她小小的個子，頭髮綁成兩支沖天炮。她叫我老師，稚嫩的聲音，非常可愛。

坐上鋼琴椅子，她的腳搆不著地上。我拿了小凳子讓她踩著，好取得平衡。

首先我示範手勢，像握著圓球般地手指站好，一隻一隻。

我彈著Do，Re，Mi，Fa，So。她小小胖胖的手指，專心地跟著我彈出聲音。

我看著聽著心想：「嘩，這一切是這樣開始的。」有些感動。

真真很認真，第一堂課我們學了幾首曲子。

「謝謝老師。」她說，我聽了就笑了出來，我正式升格為老師了！

真真家沒有鋼琴，我便告訴她，只要我家裡有人，她就可以來練琴。

小小的她總在上午十點來按門鈴，我去開門，看到紅色大門外兩隻小小的粉紅色拖鞋，門一開，真真仰頭看我。「老師好。」我拍拍她的頭，帶她進門。

她很乖，自己坐在鋼琴前，一首一首地練。

我有時聽到錯音，就過來幫她訂正。有時聽她彈得好，就坐下來，乾脆上起課，教起新的曲子。

夏天時間很多，真真常來練琴，雖然不是上課時間，但我常陪她練琴，教她新曲子，而這樣密集的課上下來，她突飛猛進。

她的爸爸媽媽欣喜之餘，也加緊存錢買了鋼琴給真真。

她好高興地告訴我家裡有琴了，以後不用來我家練琴。

我也去看她的新琴，她爸媽要我彈彈看。我當時還小，對鋼琴瞭解不深，但彈了之後，告訴他們我喜歡那台鋼琴，音色很好。他們聽了頗安心。

一天，有人按門鈴，我去開門時，看到門外粉紅色的拖鞋，我笑了，真真不用來我家練琴了，不知她來做什麼。

我開了門，真真說：「教師節快樂！」她把手上的禮物拿給我，我接過來一看是一盒蛋捲禮盒，好感動，謝謝她的禮物。

她說禮物是她選的，她喜歡的巧克力口味。我邀請她進來坐坐，她說好喜歡家裡的琴，她要回家彈琴。

我想起我的鋼琴，剛開始學琴時，家裡也沒有琴，都要到老師家練琴，當爸爸媽媽存夠錢買了琴，家裡終於有琴的那種喜悅我瞭解。

真真學得很好，她爸媽問我要不要讓她去考音樂班，我覺得不錯，便開始幫她蒐集資料。

一次真真沒來上課，我接到她媽媽的電話。「老師，是這樣的，你也知道我們在準備真真考音樂班的事，於是找了音樂班的老師上課，所以就不和你學了。謝謝你當真真的啟蒙老師。」

我掛上電話，還不知道發生了什麼事，坐在椅子上回想真真媽媽說的話，她是說真的嗎？

她的意思是真真不來了，不和我學了？我不夠好嗎？我很認真的教真真，雖然我只是個十六歲的學生，我教得不錯啊。給我時間，我也會是個很好的老師。但她說得沒錯，真真要考音樂班，找音樂班的老師對真真比較有利。

我想起真真來上第一堂課時，叫我老師的模樣，突然之間，我就哭了。

媽媽來安慰我，告訴我，我還小，以後會有更多的學生，而且真真學得很好，我教得很成功。

我沒有聽進去，我好傷心，一直哭，一直哭，哭了一個晚上。

如果可以的話，我好希望回到那個時候，告訴十六歲的我，學生本來就是會離開的，他們和我們的時間本來就是有限的，所以更要好好珍惜把握時間，盡力做好老師。因為他們會從你這兒學到什麼，學多少，學多久，你並不知道，你也無法控制。

想到十六歲的我，哭了一個晚上，現在想起來，覺得自己好傻好天真。而真真後來也考上了音樂班，我很高興。

不知她現在如何了？我一直記得她，和那一大盒的蛋捲禮盒。

我謝謝她的禮物，更謝謝她，當我的第一個學生。

彈完後她抿著嘴，一臉快哭的樣子。

我摸摸她的頭問怎麼了。

她說：「我恨我自己這麼笨，連這麼簡單的東西都彈不好。為什麼我不能和你一樣『正常』看譜？為何看譜這麼難？」她說完，眼睛就紅了。

翼下之風

坐了二十個小時的飛機從台灣飛回山谷，我疲倦地回到家，面對像山一樣高的郵件，癱坐在沙發上，打了個大哈欠，想去睡一下，這些等我起來再說吧。

我像抽獎一樣，隨便摸一封信來看，讀了下去，越讀越坐正了起來。

是W大學寄來的最佳啟蒙老師獎的通知信，告知我蘇菲亞提名我為她的啟蒙老師，而頒獎大會竟然是今天，就是再兩個小時後的事了。

我跳了起來，馬上去洗澡換裝，蘇菲亞，我來了！

五月底蘇菲亞來上課，她推門而入，一陣微風也跟著進來，燦爛的微笑告訴我她又寫了一首曲子，這首曲子就叫《夏天》。

她彈了起來，不同於平常，這首曲子裡加了些東方的味道，五音音階跳躍其中，活潑如蜂鳥。彈畢，我拍手。

她眨眨大眼睛問我是不是有抄襲我彈過的曲子。我笑說可能是我彈過的德布西給了她靈感。她吐吐舌頭。

我翻翻她帶來的課本說，該彈功課了。慢慢地打開琴譜，翻到了霍夫曼的《船歌》，她把我寫的日期蓋上，因為給她這首曲子也有一段時間了。

「好了，我們來彈吧。」她瞇起眼睛辛苦地找音符，我沒有幫她，讓她自己來。她開始彈，雖然錯音一堆，但我沒有說什麼，只在適當時提示一下。一首三頁長的曲子，她彈了很久才彈完。

彈完後她抿著嘴，一臉快哭的樣子。我摸摸她的頭問怎麼了。

她說：「我恨我自己這麼笨，連這麼簡單的東西都彈不好。為什麼我不能和你一樣『正常』看譜？為何看譜這麼難？」她說完，眼睛就紅了。

我笑了。看到窗外的蝴蝶叢花開得正盛，蜜蜂和蝴蝶採蜜採得不亦樂乎，夏天已經來了。

我說：「親愛的孩子，看譜和讀書一樣，你多看就會讀得快，你若很少讀書，你也讀不快。看譜也是，它是另外一種讀法，但不難，只要你常練習，久了就會越來越快，而我也會訓練你。你自己說，這首曲子你常練嗎？」她搖搖頭。

我說：「就是啊，所以你要怎麼進步？而說到『正常』，讓我告訴你，會讀譜只要多多訓練就可以了，你要像我一樣『正常』很簡單。但我希望能像你一樣『不正常』，能自己創作，這個我知道也可以訓練，但我可沒有這方面的天分啊，我只會看譜彈琴，多無趣！」

她聽了破涕為笑，抱住我說：「老師，你人真好。」

我笑說：「少來，你可得答應我多練琴，我才可以幫你做『正常』人啊。」她大笑。

上完課，我陪她走出教室。我們抬頭看天空，藍天白雲，紅鳥飛過，蜜蜂嗡嗡地飛來飛去，放暑假了。

我告訴蘇菲亞我會回台灣一個月，等我回來再繼續了。她很神祕地告訴我，我會收到一封信。

我問是什麼，她不告訴我，我猜想是她拿到美術獎學金要到藝術學校一個月，先恭喜她，要她好好享受當藝術家的日子。

她藏不住祕密，大聲告訴我說：「你是我最喜歡的老師，所以我提名你為我藝術學校的最佳啟蒙老師！」她眼睛發亮地告訴我，我好吃驚又好感動地謝謝她。

她抱住我說：「謝謝你。」

本來以為我會因為回台灣而錯過的頒獎大會，蘇菲亞知道時非常難過，而剛才看了信才驚覺我沒有錯過，我趕忙穿好衣服匆匆出門。

開車上路時狂風暴雨，風雲變色。大雨打在車窗，雨刷奮力地動著，一度還看不到路，我放慢車速，小心地開上山路。

幸好W大學不遠，二十分鐘的車程，我想台灣到美國幾千里路我都飛回來了，這個二十公里的路我怎麼可能趕不到？

終於到了大學，在山坡上的藝術館，此時在雨中看來如水鄉澤國裡的城堡。我涉水而過，鞋子早溼了，而洋裝也淋得差不多。在風雨中我涉水而上，孩子，我來了！

到了大廳，學生們都穿得很正式。我甩甩頭，把雨水撥去，希望看來不會太狼狽。

我問了主持人是否知道蘇菲亞在哪。主持人很驚訝會看到我，她也以為我不會來了。

她用手指了遠方的一個女孩說：「她在那兒，她一定會很驚訝看到你。」我興奮地快步走向她。

我走到她身後，輕拍她的肩膀。她轉過身來，一時之間還無法相信是我。

我微笑說：「嗨，我趕到了，兩個小時前才從台灣回來的呢。」她的眼睛睜得好大，嘴巴也張得好大，然後她眼睛就紅了。

我心想，請不要哭，請不要哭。

她哇地一聲哭了出來，大力抱住我：「啊，我好想你喔，以為你不會來了。」

我抱住她說：「我真高興沒有錯過。」

十五歲的她還是個孩子，她開心地拉我坐下，等不及告訴我她這個月來的活動。他們是美術組的學生，每天有三個小時的studio art課程。

「噢，老師，這真是我最快樂的一個月。每天我都等不及要起床，要去畫畫。美術老師好棒，而我的同學們也好棒。我們就這樣一天畫上三個小時，討論完成品後再畫。」

她眼睛發亮地告訴我說：「如果可以，我好希望這輩子就這樣一直畫下去，永遠不要停！」

我聽了好感動。

蘇菲亞讓我想起我當學生的日子，每早我是第一個到達琴房大樓的人，琴房都還沒開，我得打電話請警衛來開門。而晚上練到警衛來趕人，故意躲到大鋼琴下，等警衛關燈關門後，確定他們走了，嘿，再開燈繼續練琴。

「該死，我以為你不會來，因此我沒有帶演講稿來謝謝你。」她說。

我大笑說，可以趕得上典禮，我就非常高興了，不用什麼演講稿。

頒獎典禮開始了，校長致詞，先歡迎大家來，因為這些學生們已經一個月沒有回家，也不能回家，而家長們只得趁週末來看他們，所以他們看到老師們來特別開心。

蘇菲亞低聲告訴我，她的家人上週末才來看她。「老天，我在家和媽媽一天到晚吵架，這樣久久看她一次，感覺還滿愛她的。」我忍不住笑出來。

校長告訴大家，老師們就像孩子們的英雄一樣，是他們的模範。我想叫英雄太沉重了吧。接著主任唸了一段音樂劇《壞女巫》（Wicked）裡「永遠」（For Good）的歌詞作為獻詞：

我聽說，人生裡所邂逅的人，都是有因果的

他們讓我們學到東西

這些幫我們成長的人，引導著我們
如果我們讓他們幫助我們
我們也回報他們
我不知道我是不是相信我自己做得到
不過，我知道我之所以是今天的我
是因為我遇到了你

誰可以說我變得比較好？
但是因為我遇到了你。
因為，我遇到了你。
我將永遠不再一樣。

蘇菲亞緊握著我的手，我看看她，這孩子又要哭了，我趕緊把手帕遞給她。她兩手比了個心的手勢，我點點頭。

校長開始了頒獎典禮，學生和老師一一上台領獎。有的學生小心地牽著老師上台，有的則勾肩搭背上台，非常好玩。

蘇菲亞一直說她很緊張，我說傻孩子，又不是上台演奏，這個只是走台步，小事一樁。

輪到我們了，她要我走在前面，我們上台領獎，一起照了相。她開心地下台，不習慣穿高跟鞋的她差點跌倒，我適時扶住她，大家都笑了。

典禮會後，她迫不及待要帶我去看她的畫室。那是個有落地窗的大教室，裡面擺滿了十來個畫架。她興奮地拉我去看她的畫架，自己都覺得好玩，因為那也只是個普通的畫架，架著白色的畫紙。

我們站在畫架前，不知道為什麼，我竟然深深感動了。

這樣一個簡單的空間，只有畫架和白色的畫紙，我卻看到一顆顆跳動熱情的心，一片大好前景，畫紙上雖然沒有任何東西，但那些色彩卻躍躍欲試，好似就等蘇菲亞和學生一坐下來，手一靠上，蠟筆一畫上去，這些夢想就會馬上跳到畫紙上，擋都擋不住。

她帶我去看她的作品，我有些驚訝。在我看到蘇菲亞的作品時，我以為她是同年紀裡最好的美術學生，但從這些學生的作品中，我瞭解到她的同學中有更厲害的。

讓我覺得了不起的是她也知道，但她對她的同學們非常敬重，我想這個比什麼課程都重要。

她陪我走到大樓外，風雨已經停了。我們坐在凳子上，她要我等她一下，她要回宿舍拿東西。

我看看學生們和老師們有說有笑，這些被學生提名的老師臉上都有一個特別的微笑，不是驕傲的微笑，而是引以為榮的微笑。我想我臉上也一樣吧。

蘇菲亞回來了，她遞給我一封信，叫我回家再看。我們擁抱，等七月底再見了。我回到車上，馬上把信打開來讀。

「親愛的老師：

謝謝你來，很抱歉我沒有特別準備，所以我把這歌詞獻給你。

謝謝你。

蘇菲亞上

Wind Beneath My Wings

It must have been cold there in my shadow,
to never have sunlight on your face.
You were content to let me shine, that's your way.
You always walked a step behind.

So I was the one with all the glory,
while you were the one with all the strength.
A beautiful face without a name for so long.

A beautiful smile to hide the pain.

Did you ever know that you're my hero,
and everything I would like to be?
I can fly higher than an eagle,
'cause you are the wind beneath my wings.

It might have appeared to go unnoticed,
but I've got it all here in my heart.
I want you to know I know the truth, of course I know it.
I would be nothing without you.

Did you ever know that you're my hero?
You're everything I wish I could be.

I could fly higher than an eagle,
'cause you are the wind beneath my wings.

Did I ever tell you you're my hero?
You're everything, everything I wish I could be.
Oh, and I, I could fly higher than an eagle,
'cause you are the wind beneath my wings.

Oh, the wind beneath my wings.
You, you, you, you are the wind beneath my wings.
Fly, fly, fly away. You let me fly so high.
Oh, you, you, you, the wind beneath my wings.

Fly, fly, fly high against the sky,

so high I almost touch the sky.
Thank you, thank you,
thank God for you, the wind beneath my wings.

翼下之風

在我的影子下，一定很冷吧，
陽光不曾照在你的臉龐。
你總是心滿意足的讓我出盡風頭，那就是你。
你總是走在我身後守護著我。

因此，我一人獨享所有的榮耀，
而你卻是真正費力支撐的那位。
你美麗的臉龐，一直默默無名，

'Cause you're the wind beneath my wings

甜美的笑容掩飾了痛苦。

你可知道你是我心目中的英雄？
是我想要成為的一切。
我可以飛得比蒼鷹更高，
因為有你做我翼下的風。

也許是不願被人注意到，
但我已了然於心。
我要你知道一切我都明白，
沒有你，我什麼都不是。

你可知道你是我心目中的英雄？
是我想要成為的一切。

如今，我可以飛得比蒼鷹更高。
因為你是我翼下的風。

我曾否告訴你，你是我心中的英雄？
你是我期盼成為的模範。
我如果可以飛得比蒼鷹更高，
因為你是我翼下的風。

我翼下的風，
你是我翼下的風。
你讓我展翅高飛。
你是我翼下的風。

飛啊！飛向天際。

高到幾乎可觸摸到藍天。
謝謝你，謝謝你……
感謝天把你給了我。
你就是我翼下的風！

（感謝錫安媽媽的中文翻譯）

我讀著讀著，眼眶不禁紅了。
收起信，心想你展翅翱翔之際，能當你的翼下之風，那將是我的光榮。
我開車下山，而天際一抹彩虹。

學生王子

我點點頭，隨意挑了首奏鳴曲讓他視奏。

他專心看著譜彈了起來，我坐在椅子上，越聽越吃驚，漸漸坐直了。

電話答錄機傳來的聲音聽起來不知是男是女，沙啞的嗓子問我有沒有時間教他的孫子。

我回電過去，告訴接電話的人我是鋼琴老師。「喔，你好，謝謝你回電。我的孫子葛瑞學了很多年的琴，但我們對他的老師不是很滿意，想換個老師上上看。聽說他滿有天分的，只是我不懂音樂，不過我相信他很不錯的。」

我排了個時間給葛瑞，我小心問要怎麼稱呼他，他說：「叫我莎莉。」原來是個阿嬤。

莎莉載葛瑞來上課，葛瑞八年級，一臉斯文很有禮貌。莎莉大略和我聊了一下，她告訴我葛瑞的父母在他十歲時就離婚了，她兒子長年在外跟建商蓋房子，常不在家，葛瑞是她帶大的，她知道這孩子有音樂的天分，雖然沒有錢買鋼琴給葛瑞，但是她找到二手的鍵盤給他彈。

上次找的老師不是很認真，一節課下來，老師只露個臉，指定個功課就讓他下課。「我不想這樣說，但我認為那老師在耍我們，葛瑞喜歡音樂，想更進步，請老師教導。」我說我會盡力的，莎莉向我欠欠身就走了。

剩下我和葛瑞，他有些害羞，阿嬷這麼褒獎他，他有些臉紅。

我看看他練過的曲子，程度不錯，要他彈些曲子來聽聽。葛瑞彈了起來，是一首進行曲，比較難的地方速度慢了下來，但整體來說，頗具音樂性。

我點點頭，隨意挑了首奏鳴曲讓他視奏。他專心看著譜彈了起來，我坐在椅子上，越聽越吃驚，漸漸坐直了。

他視奏的能力非常好，一頁譜讀下來，少有錯誤。

他彈畢看看我，那眼神不是挑釁，而是詢問我彈得如何。

我稱讚他彈得很好，他不好意思小聲地告訴我，他是教會的司琴。

好樣的，這個阿嬤都沒有提，故意看我有沒有辦法知道她孫子的厲害。

我說原來如此，以他的能力，我覺得綽綽有餘。他從小就喜歡彈彈唱唱，家裡買不起鋼琴譜，他就彈教會裡的聖歌，彈了覺得不難，就彈出興趣，繼而為教會司琴了。

「你這樣司琴多久了？」我問。

「六年級開始吧。」他說。

我們上了些新曲子，他上完課，我覺得收了一個明日之星。

葛瑞果真不同凡響，上課從不遲到，交代的功課都勤快地練習，二手的鍵盤在他手下真正物盡其用，而別的學生，彈的是三角大鋼琴，練得沒有葛瑞認真，我想練什麼琴真的不是要點啊，要點是學生有沒有用心。

我常向莎莉報告進度。莎莉笑得很開心，笑一笑就咳嗽了。

我想我知道為什麼。葛瑞的譜一打開總是一陣菸味。他尷尬地解釋莎莉是老菸槍，我說沒什麼，不要擔心，接著幫他把譜架好在鋼琴上。

葛瑞的爸媽雖然離異，但對他還是很關心，而他也每個週末去看爸爸或是媽媽，這樣的奔波對他不是沒有影響的。

有時他來上課會稍微地嘀咕幾句，絕不是抱怨，而是吐苦水：「我不要去媽媽那兒了，她男朋友嫌我彈琴太吵，媽媽就叫我不要練了。爸爸住的地方不大，沒有鋼琴，所以去看爸爸，那個週末就不能練琴。」

倒是莎莉成了葛瑞的精神堡壘，堅固而可靠，葛瑞要新的琴譜或參加比賽，費用從來沒有遲繳過。

葛瑞上了高中，他的音樂才華馬上被發掘了，在合唱團擔任伴奏外，更加入了樂隊，老師有意栽培他成為指揮，他常常留校集訓，很快地在高中因人緣好而大受歡迎。再加上他的歌聲也是一流的，老師常很困擾，不知道要讓他為合唱團伴奏或是讓他獨唱。

當我稱讚他時，他從不驕傲，當他談起他的老師和同學，從來沒有負面的評語，相反的，他常說：「合唱老師好厲害，好像有八隻手，可以指揮還可以一邊彈琴。而珍妮的聲音簡直是天籟，我要加油才能為她伴奏。」

我看著他，覺得這世界屬於他，他給大家這麼多。

他的活動越來越多，相對的，鋼琴開始學得有點力不從心。他也一再答應我，等這次的合唱比賽完就有時間了。比賽完了，換樂隊比賽，樂隊比完了，換巡迴演出。鋼琴演奏會眼看要到了，我下最後通牒，他得把譜背好。

葛瑞的同學珍妮也和我學琴，告訴我葛瑞下課時在合唱教室練琴，同學要和他聊天唱歌，「他都叫我們滾，他再不練好，你會殺了他。」

我聽了哈哈大笑，很好，他知道優先順序。

他在學生的鋼琴演奏會上嶄露頭角，學生們很快地把他視為對手及崇拜的偶像。我看著葛瑞接受喝采，深深知道這是他音樂生涯的開始，而這喝采在他以後的日子裡，希望能讓他記得山谷的小教堂，曾是他首次演出的地方。

他要升大學了，我向他建議我任教的學院，我認為以他的成績和音樂背景，可以主修聲樂，或許加油點，還可以申請獎學金。葛瑞和莎莉都很興奮，覺得可以試試。

我和系主任多納談過，他也對葛瑞頗有興趣，我們安排了面試，葛瑞身經百戰，竟然會緊張，他先彈了鋼琴，我再幫他伴奏，唱了幾首藝術歌曲。葛瑞順利考取，還拿到了獎學金。

他的好人緣及用功的程度，在學院很快成了風雲人物，每每他在琴房練琴或練唱，主任和別的老師看了都好感動，平常被學生拋棄的琴房有人這麼認真地使用。主任開玩笑地說，要在他練琴的琴房刻上他的名字。

學生們看葛瑞這麼認真，也帶起了一股熱潮，大家向他看齊，他大二就被選為學生副代表。

葛瑞主修聲樂，副修鋼琴，他來上課，我們雖然很熟，但他不改以往小時候對我的尊敬，在我面前稱我老師，但只要在走廊或校園看到我，他也會故意叫我的名字來逗我。

在琴房看到我，也喜歡對朋友說，啊，我再不練琴，老師會宰了我。有一次我差點真要宰了他，其實是宰了合唱老師才是。

因為葛瑞太多才多藝，又會彈又會唱，合唱老師一連好幾場的大型音樂會要他伴奏，而有時更臨時叫他上場，他總是無怨言地配合。這麼配合，難免有幾次卡到琴課，期末終於過度勞累，他累倒了。

合唱老師打電話來，要我網開一面，讓葛瑞不用彈鋼琴會考。我說這個要求有些過分，我不認為他做不到，但太多的活動和音樂會使他沒時間練鋼琴，這很諷刺。

主任也打電話來要我通融，學校這樣讓一個學生花了大部分時間為學校服務，而到後來荒廢了學生的學業。我想了很久，這是學校的錯，還是葛瑞的錯，甚至，是我的錯？

葛瑞休息了幾天後來上課，我們坐下好好談了談。或許對每個邀約他不必都答應，或許這些經驗可以慢慢來，或許對他而言，學習應對進退更為重要。

我告訴他我還是希望他可以彈會考，不用背譜，但期末考總要露個臉吧。他說好，他也不希望缺席。

很快地，葛瑞要畢業了，我幫他寫推薦函，除了滿滿的讚美，我更有滿滿的祝福。

畢業演唱會上，我看到他爸爸、媽媽，當然還有他最死忠的粉絲莎莉。

莎莉和我有革命情感，我們坐在觀眾席聽葛瑞厚實渾圓的歌聲，響徹音樂廳，心中的感動，我想只有我們知道。

莎莉時而擦擦眼淚，時而拍拍我的肩，我向她笑笑，因為我都懂。

演唱會結束，我們站成一列等候恭喜葛瑞，我看他向朋友老師們一一致意，他的笑容裡有謙虛，也有自信。

這個音樂廳將是一個起點，他將征服這世界，而我可以小小的得意一番，因為我的琴房曾是他的第一個舞台。

孩子，你慢慢來

我問他為何這麼早，他說因為今天本來是爸爸要載他，但爸爸臨時有事走不開，無法載他來上課，所以他就自己走來了。

我吃了一驚，「你從山丘上走來？」

約書亞又遲到了。

我等在琴房的門口向外望，聽到車子駛進巷口的聲音，吱的一聲，車子猛地停了下來。約書亞跳下來，向車子揮揮手，跑向琴房。

我把門打開，他跑進來看到我，直說對不起，他遲到了。

我說：「沒關係，一切都好嗎？媽媽好嗎？」他快快地把戴在頭上的棒球帽子脫下，把琴譜擺在鋼琴上告訴我說：「媽媽還好，最近因為感冒，比較累。」

我摸摸他的頭，「我們來上課吧。」

約書亞的媽媽洛萍本來也和我學琴，去年乳癌復發，便停了琴課，反而是兒子約書亞聽媽媽彈，聽出了興趣，便接了媽媽上課的時間學了起來。

洛萍化療期間，家人和朋友們分工合作，接約書亞和他姊姊上課、棒球練習、合唱團練習，樣樣都沒有停下，洛萍希望生活照舊。

而當洛萍因化療頭髮掉光，約書亞的外公去剃了個大光頭，陪洛萍走這一段。

我也漸漸熟悉了約書亞的接送隊，常遲到的是他的教父彼得，準時的是外公。所以當那天約書亞整整早到了十五分鐘時，我有些訝異，心想難道接送隊有了新隊員？

我上課的規則學生家長都知道，希望大家盡量準時，也不要太早來，因為我沒有設等候區，若早到了，他們得在同一個空間等候，這樣正在上課的學生多少會受到影響。我想等這個學生上完，再告訴約書亞。

上個學生走了後，我招呼約書亞，他坐在沙發上發呆，聽到我叫他，回過神走到鋼琴邊。

我問他為何這麼早，他說因為今天本來是爸爸要載他，但爸爸臨時有事走不開，無法載他來上課，所以他就自己走來了。

我吃了一驚，「你從山丘上走來？」

他點點頭說他怕遲到，所以提早出發，想不到竟早到了，我說沒關係。

約書亞的家和我家是在同一條街上，我的門牌號碼是二十號，而他的是三百八十號，這三百多號的距離，其實沒有半小時走不到，因為我走過，不只這樣，二十號是在平地，一過了二十號，就開始是上坡了。

我喜歡將爬坡當運動，更喜歡和我的朋友們挑戰爬坡，他們聽我走的路線就知道我的厲害，通常爬到兩百號就沒力氣了。本來意氣風發地上坡，下坡時就如一隻軟腳蝦。

所以當我聽到約書亞從三百八十號走下坡來上課，我知道那有多辛苦。雖然對一個五年級的小男生而言沒什麼，但他這份不希望遲到的心意讓我很感動。

後來，約書亞只要早到，我就知道他那天沒有接送隊的幫忙，雖然他知道琴房不早到的規則，他更不想遲到。

後來我才知道原來洛萍的感冒惡化成了肺炎，得住院一陣子，這一住院也住了近一個月。

我想她住院，家人忙著到醫院陪她，比較沒有時間接送孩子。不過，約書亞從來沒有抱怨過走那三十分鐘的下坡，每次他早到，就安安靜靜地進琴房，坐在沙發上等上課。

當約書亞沒有早到，也沒有遲到，而是沒有來上課的時候，我有些擔心，打電話到家裡，沒有人接聽。

後來約書亞的爸爸打來道歉，家裡真的忙不過來，不過他知道約書亞不想停鋼琴課，告訴我他們會改進。

我問洛萍可好，他嘆了口氣說，洛萍已經出院回家，只是人很疲倦。我問可以幫什麼忙，他說謝謝。

當約書亞缺了第三次課，我真的開始擔心了。

那是個五月難得的晴天，雖然春天已經到了，空氣裡還藏著些許冷冽，但對於蟄伏於四個多月長長久久，過都過不完的寒冬，我們已經很滿足了。

我穿起了短袖，到附近的公園走走，曬著太陽，只想得到更多的溫暖。走著走著遇到了凱羅，凱羅的小孩也和我學琴，她和我招手走向我。

我看她眼睛紅紅的，問她怎麼了。她避開我的視線說洛萍早上走了，我知道她哭了，向前抱住她，我也哭了。

一個禮拜過去，我不知道約書亞會不會出現，我保留了他的時間。

時間近了，車子駛進巷子，我聽到一個倉促的跑步聲，啪的一聲，門打開，是約書亞！

他戴著棒球帽，想必等下有棒球練習。我看看他，他看看我。他說：「你聽說了嗎？」

我點點頭，他低下頭，我輕輕抱住他說：「我要你知道，我會在這裡。」

他用袖口擦擦眼淚，啞聲地說：「OK。」

我問他還好嗎，他說：「我們來彈琴，好久沒有練琴了。」我說好。

我們彈起上次練的小奏鳴曲，他一陣子沒有練習，有些音忘了怎麼彈。我一手一手地彈給他聽，他一直彈錯，試了又試，還是無法順暢地彈。

他有些著急，問我有沒有辦法在下次的音樂會前練好，我說可以的，你慢慢來。他放心地問：「那我們再彈一次右手好嗎？」

我說好，我們一起來。

天上的波妞

演奏會前，她的朋友們圍著她，直喊好緊張。

我問伊莉莎白會不會緊張，她聳聳肩說：「我知道我準備好了，不會緊張啊。」

在大海裡，小美人魚和她千百個妹妹們自在地游來游去，爸爸警告她們絕對不要游太遠，一出了海面，就是邪惡的人類世界，非常危險。

她左耳進右耳出，一逮到機會，短小的身體一擺一擺便游出了原來的海域。她游得太靠近岸上，海水中很多垃圾，游著游著，一不小心，咚，她被困在玻璃瓶裡。

怎麼辦？怎麼辦？此時，五歲小男孩宗介在海邊玩耍，看到了玻璃瓶，好奇地撿了起來。

她，就這樣和她的小王子遇上，宗介把她救活了，開心地把她帶回家。

鏡頭拉遠，宗介的家座落在崖上，一大片的小花開滿了崖坡，再拉遠，是對岸的山，是無止盡的大海。

我驚呼，這次宮崎駿帶給我們的是蠟筆粉彩畫的感覺，類似竇加芭蕾舞者的印象派畫風，一地的青草和花朵，色彩鮮豔又柔和溫暖，而當宗介把小美人魚取名為波妞時，我笑了。

我想，你也該來看這電影的，因為早些時候，你才和我討論了安迪沃荷，MSN上你的圖片是竇加，而波妞又大又圓的臉蛋，會使你破涕為笑。

沒有看過那麼小，又長得那麼可愛的小美人魚。我想，「美人魚」的稱呼還真是誤導啊，英文mermaid，人魚，中文浪漫地加了「美」字上去。

波妞此時才五歲，一頭紅色的鬈髮，圓滾滾的大眼和大嘴，稱「美」還真有點難，但絕對可以說是「可愛」。

波妞喜歡救她的宗介，而宗介也非常喜歡波妞，波妞的爸爸和海洋女王媽媽問了宗介兩個重要的問題：「你知道波妞是半人半魚嗎？」宗介點頭。

「你不介意波妞是人魚？」宗介搖搖頭。

「好，那請你照顧波妞。」媽媽問完，得到滿意的答案，和波妞說再見就游走了。波妞經宗介一親，啵一聲，從小人魚變為小女孩，男孩和女孩快樂地手牽手跑去玩了。

就這樣？電影結束後，我留在座位上，看著銀幕上打著一排排幕後人員的名字，隨著可愛的圖畫跑著。

我想著看過的宮崎駿電影，最愛《魔女宅急便》裡的Kiki，十三歲就離家去闖天下，也喜歡《魔法公主》為了心愛的部落及山谷所做的犧牲，更不能忘記在《龍貓》裡，姊妹和龍貓在月光下種樹。

這些故事都告訴我們要勇敢，要加油，但波妞的故事簡單得沒有任何「勵志」的意義，但我還是看得很開心。

好像變回了五歲的小女孩，隨著波妞游泳，和宗介使力划船，在夜晚等爸爸開船經過，和他打燈語，和小嬰兒鼻碰鼻，開心地大跑大叫大笑。

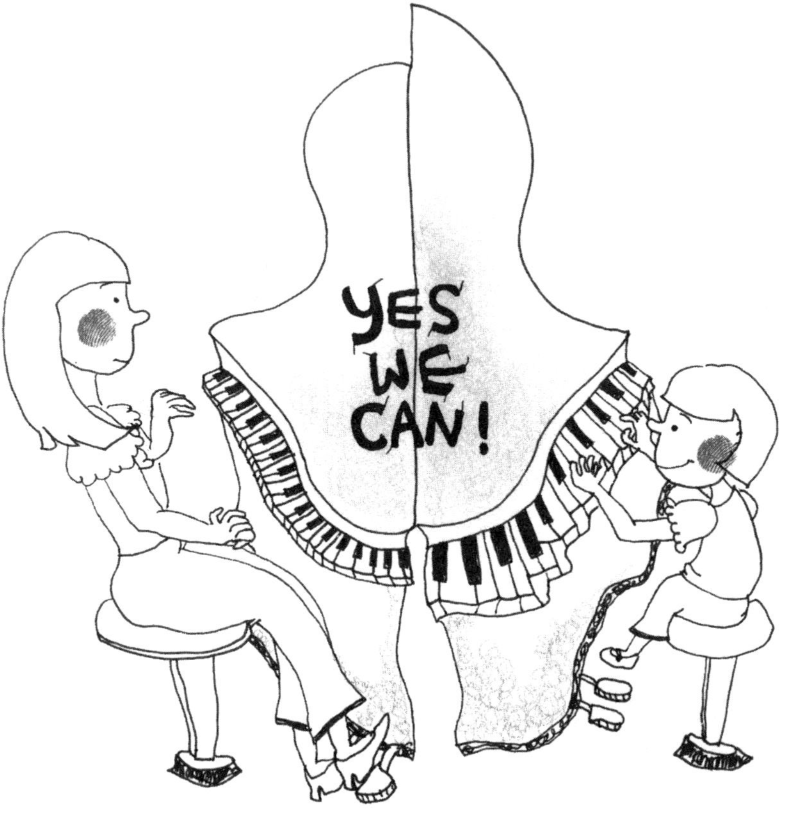
YES
WE
CAN!

為什麼不？我們曾經都是孩子，毫無畏懼。

我想起我的小朋友奧立佛。在演奏會時，小小的個子坐在椅子上，腿還搆不到地面，晃來晃去，一副毫不在乎的模樣。

換他了，我宣布他的名字。他站起來，從容地上台敬禮。坐在鋼琴前，彈奏他的曲子，完美地結束，下台，回到座位，又晃起腿。

不知為何，這景象一直印在我的腦海。

還有伊莉莎白，演奏會前，她的朋友們圍著她，直喊好緊張。

我問伊莉莎白會不會緊張，她聳聳肩說：「我知道我準備好了，不會緊張啊。」果然，輪到她上台時，她彈得非常好。

我喜歡孩子不害怕的態度，甚至老虎來也不怕的勇敢。

我的一些成人鋼琴學生都學得很好，但對自己沒有信心。

曾幾何時，這些信心不見了？看不見自己，世界是一層層的關卡和測試，不再說自己做得到，而是逃得遠遠的。不逃的話，也只敢把自己歸類於「不夠好」的框框裡。

是什麼讓大人覺得自己不夠好？

我常想起奧立佛和伊莉莎白，想像自己是奧立佛，是伊莉莎白，想像自己是個孩子，把孩子有的力量和勇氣加諸於自己身上。我曾有的，把它找回。

走出戲院，抬頭一看，一輪好大好圓的明月高掛天上。

我想起在醫院陪著爸爸做完手術的你。我知道你有多擔憂，多恐懼，但我知道你絕對可以如橡樹般堅強地讓家人靠。

你問我你做得到嗎？我想波妞也會同意我，你做得到。

記得我們曾是孩子，我們仍擁有孩子的勇氣，而回頭看，我們只會更強壯，雖然種種的困難，讓我們好似不堪一擊，但不要忘了，給你一把掃帚，你也可以飛上天。

我知道，因為我會飛在你旁邊，為你加油，而波妞會說：「耶，好棒！」

那孩子對我說

瑞爸帶瑞哥打棒球去了，我無力回天地看著瑞弟。

瑞弟沒有看我，他用袖口擦擦眼淚，背著我走回鋼琴坐了下來。

我最不能忍受孩子的眼淚，看了就要投降。

瑞哥瑞弟來上課，哥哥先上，弟弟安靜地在沙發上看書。

弟弟有時候會被哥哥的琴聲所吸引，跑來看看是什麼曲子，而當我示範彈給哥哥聽，他也會依偎過來。有時他會忍不住和我們說話，「你給哥哥貼紙，我也喜歡，要留給我喔。」

我說：「嘿，瑞弟，你現在不能和我們說話的，我們在上課。不過，我會留貼紙給你。」瑞弟通常會悄悄回到沙發上看書。

我常常看他們兩個兄弟，覺得神奇。先是瑞哥和我學，後來瑞弟從別的老師那兒轉過來。哥哥學得比較早，弟弟後來居上，哥哥看弟弟後來居上，他也加緊腳步。

這瑜亮之爭越演越烈，給了弟弟神奇寶貝，下次哥哥一定也會得到一個，但當弟弟得到了「州際鋼琴榮譽音樂會」選拔，哥哥也會為弟弟鼓掌；而哥哥學了《卡農》，弟弟很喜歡，哥哥就教起弟弟那首曲子。

我看著他們，覺得這樣互相扶持成長，他們可能都不知道自己有多幸運。

哥哥六年級，是個幾近完美的孩子，有禮貌、聰明、又很盡責；而弟弟四年級，比較漫不經心，哥哥喜歡告訴弟弟怎麼做，弟弟嘟囔幾句後，還是會做。

弟弟剛來上課時，總覺得自己彈得沒有哥哥好。現在幾經勝仗，帶著笑的眼睛裡有了亮光，和我說嗨的聲音也響亮多了。

他彈了一首曲子給我聽，我注意到他踩踏板的腳像騎腳踏車一樣，膝蓋上上下下的移動。

我提醒他踩踏板時，後腳跟要著地，這樣使力比較容易。

他試了幾次說：「我不認為耶，我覺得我的方法比較好。」

我笑了說：「哇，對老師回嘴，看來有人沒有詳讀『琴房守則』。」

哥哥聽到了說：「我第一堂課你就告訴我守則了。」

「瑞哥，我們現在不能和你說話，我們在上課。」我說。

我帶弟弟到牆邊，把琴房守則指給他看。

那張守則其實皺巴巴的，因為我常拿上拿下，加新的守則上去。有時候發現小朋友把我寫的擦掉，或是自己偷加守則上去。

上半部為「Do」（請這樣做）部分，下半部為「Don't」（請不要這樣做）部分。這守則本來是我打字的，但後來越加越多。我也喜歡小朋友們的筆跡，就一直沒有換過。

Do：

尊敬鋼琴。

自己帶譜。

剪指甲。

勤練琴。

享受彈琴的樂趣。

謝謝父母和老師。

相信自己。

Don't：（這個就精采了）

不要抱怨。

不要用「**hate**」這個字。

不准嚼口香糖。

彈琴時不要說話。

不准在琴房和兄弟姊妹吵架或打架。

不准和獅子老師爭執。

不准回嘴。

（以上是打字的，以下是學生和我用鉛筆加上去的。）

說：「我做不到。」之前，請說：「我會試試看。」

不准對獅子老師說不。（第二個「不」下面還畫線。每次看到這兒，我都會大笑。）

不可以對譜做鬼臉。

不可以說：「**Whatever**」，或是「**Stupid**」。

不可以對獅子老師使壞眼色。

小朋友讀完守則都想，這簡直就沒有我們耍賴的空間嘛，我則得意地偷笑。

不過他們很知道變通，如「hate」字，他們就會說：「I dislike the piece with passion.」厲害吧！

我一面讀給瑞弟聽，他一邊搖頭、點頭為自己的行為打分數。

他指著守則上一點問：「咦，這裡寫著『獅子老師注意遵守事項』耶。」

什麼？這是什麼時候被偷加上去的？

我們一起把它讀出來：「Teacher can't be sarcastic.」（老師不可以「虧」學生。）

我抗議說我才沒有這樣做，有的話也是開玩笑的。

瑞哥興奮地跑來一起看，「有啦，上次小敏上課時，我進來時聽到你說她彈的《晴天》可以改叫《陰天》。」

「那是開玩笑的。」我辯解。

瑞弟把那個字拼出來說：「喔，所以sarcastic就是這個意思。」

我看大局要控制不住，正要叫瑞弟回到鋼琴前，瑞爸進來接瑞哥。

瑞哥馬上打小報告，「爸，弟弟沒有聽話，所以老師在複習守則給他聽。」

爸爸馬上臉色一沉對弟弟訓起話來。「要尊敬老師，知不知道？」瑞爸說。

我趕忙打圓場說：「瑞弟很乖的，我只是和他唸這些守則。」

瑞爸沒有看我，繼續說：「我告訴過你要對老師畢恭畢敬。你要聽話，知不知道？」

瑞弟脹紅了臉，他吐出一句：「我有啊。」

瑞爸說：「知不知道？」瑞弟快哭出來了，「我知道，我會的。」

瑞爸帶瑞哥打棒球去了，我無力回天地看著瑞弟。瑞弟沒有看我，他用袖口擦擦眼淚，背著我走回鋼琴坐了下來。

我最不能忍受孩子的眼淚，看了就要投降。

我轉移個話題說：「這首曲子你彈的真的很好，我很喜歡。」他慢慢地點點頭，很輕地說了謝謝。

他突然說：「老師，你應該再加一個守則上去。」
我問：「應該加什麼？」
他說：「Be understanding.」
我嚇了一跳，因為我也在想這個字。
我問他是什麼意思，覺得我應該更瞭解學生嗎？還是學生應該更瞭解老師？我心想，還是爸爸應該更瞭解兒子？
他聳聳肩說不知道，想了想又說了一次：「Be understanding.」他說完，點點頭，更加肯定這句話的重要性。
我說：「好的，瑞弟，你去把它加在守則上。」
我拿了鉛筆給他，他笑了。
他跑到守則前，很慎重地寫下「Be understanding.」我看他把它寫在Do和Don't之間。
我把它記在心上，這不只是學生的守則，也是我的守則。
瑞弟坐回鋼琴前看我說：「我可以開始彈了嗎？」我點點頭說：「可以，我洗耳恭聽。」

Piano Man

來上課時，我先稱讚他彈得很好，台風很好。

「不過，賈斯，嗯，我必須禁止你表演時看觀眾。」我說。

他馬上說：「可是我看很多人都是這樣做的。」

賈斯帶著妹妹潔西卡來上鋼琴課，兩人第一次來，哥哥很有老大的模樣，把妹妹安頓在小畫桌前，拿出圖畫本及蠟筆，要潔西卡安靜地等他先上完課後再換她。

他六年級，已學了一陣子的琴，因為老師搬家，而換到我這兒上課。

賈斯先彈了一些舊曲子，我提醒他幾次要注意手形，反應還不錯。我們上了幾首新的曲子後，就換妹妹上了。

潔西卡二年級，正在換牙，和我打招呼，咧嘴一笑，沒有門牙，我笑了出來。

幫她複習了一些簡單的樂理，她聽得很認真，半小時的課一下就上完了。

我送他們出去，賈斯說他可以帶妹妹出去等媽媽來載，要我不用送，我想這哥哥可真稱職。

回到琴房整理，看到小桌子上有兩幅畫。

潔西卡畫了小狗和小小狗在彈鋼琴，而賈斯畫了火星人。

我笑了。教完一天的琴，我其實滿喜歡看看小朋友畫了什麼，男孩喜歡畫肌肉男和恐龍，女孩子喜歡畫小動物和服飾，有時候也會找到幾張他們畫我的畫像。

我把潔西卡的畫用膠帶貼在牆上，小狗也可以彈琴呢。

潔西卡再來上課，看到她的畫很興奮。

那天下課，她畫了一系列的動物彈琴，有烏龜和小白兔彈琴，旁邊寫著：「不管你是慢是快，你都可以享受彈琴的樂趣。」有大象和小老鼠，旁邊也寫著：「不管你是大是小，都可以彈琴。」我看了驚呼這「動物系列」的創意。

賈斯的火星系列也橫貫了整個太陽系，而飄浮在太空中的則是大小不同的鋼琴。

賈斯很聰明，也很尊敬我，但我發現他不是很喜歡中規中矩的教材，於是我給了他一些電影插曲和爵士樂，但通常這些改寫的譜反而更難。

我問他覺得如何，他總是客氣的說很好，喜歡我們學的東西。

一次，他爸爸來接他們下課，爸爸說：「老師，你可以給賈斯比較有趣的東西練嗎？他常抱怨鋼琴作業太無趣。」

他看看賈斯，賈斯臉色蒼白，爸爸完全沒有察覺，繼續說：「賈斯常說他『恨』這些無聊的手指練習曲。」

爸爸說完，賈斯和潔西卡一臉驚慌，潔西卡拉爸爸到牆邊讀琴房規則，「你看，爸爸，我們是不可以說『恨』這個字的，你讓我們違規了。」

爸爸說：「咦，你們在家不是這樣嘟囔的嗎？」

賈斯則一直死命地拉爸爸，說要走了，老師很忙的。

我問賈爸那他建議什麼樣的音樂，爸爸說像比利喬（Billy Joel）的啦。賈斯脹紅了臉說可以走了。

我告訴賈斯下次我們可以試試，不要不好意思說。賈斯頭低低的，推著爸爸走出琴房。

我正要關門，賈斯跑了進來，氣喘吁吁地說：「老師，爸爸剛講的話請你忘掉。」我大笑說不要緊的。

「而我們也不會在家說那個字了。」他發誓般地說。

我們開始學簡易版的比利喬。改編過的流行歌，不是過於簡單，就是太複雜，我們學了一首代表作：《Piano Man》。

我告訴他來日方長，路遙知馬力，若繼續學下去，有朝一日一定可以彈到比利喬寫的原作。

那年賈斯學了《史努比》（Snoopy）漫畫的主題曲，大方不怕上台的個性，使他常在學校的禮堂彈奏，而在鋼琴比賽裡他生動的演出加上逗趣的表情，讓他贏了特優獎，還在榮譽音樂會上演奏，電台更現場播出。

賈斯聰明過人，伶牙俐齒，但還不至於自大，我常被他的幽默機智逗笑，有時我們也會因某些話題而爭辯起來。

我覺得我的論點站得住，他常常立刻提出反證，我從來沒有在討論裡佔上風。一次，遇到賈媽媽，和她聊起賈斯口才好，她不好意思地告訴我，賈斯是學校的辯論社社長。我真是好傻，好天真！英文根本不是我的母語，還不知好歹地這樣和他辯論。

他來上課，和他說起什麼，不知為何又辯了起來，我警覺地住口，告訴自己：「他是辯論社社長，不用多費唇舌了！」

某一天，他和妹妹下課，做完功課收起書包，我看他把一些紙丟在垃圾桶，沒有丟好。

我幫他撿起來，一看是一百分的數學考卷，我驚訝地把它還給他說：「這是一百分的數學考卷耶，你不保留作紀念嗎？」

他說他很多的，這不算什麼。倒是我把考卷看了又看，三面數學題，每題都打勾，好神奇。

小潔西卡在旁問我：「有那麼好看嗎？我們家有很多。」

我笑說，至少對數學不好的我而言很好看，而賈斯聳聳肩，「你要的話給你。」

賈斯上了高中後，我們上起了比利喬的鋼琴原版譜。

比利喬是流行音樂的歌王，常自彈自唱，他的鋼琴譜不好彈，很多切分音和轉調和弦，我們便一頁頁慢慢練。

孩子彈喜歡的東西，動力很夠。

賈斯一個禮拜後來上課，那一頁不只練好了，還學比利喬自彈自唱。

我才發現他的歌喉不錯，唱來還滿像一回事的。我告訴他好好練，把它都學完，或許可以在學生的演奏會上表演。

在演奏會上，他卯足了勁，又彈又唱，還頗像年輕的比利喬。全場的觀眾被他的表演吸引，整個會場起了騷動，有的家長還一起唱了起來。

賈斯更火上添油，轉頭看觀眾，對他們眨眼，又誇張地擺頭晃腦。

他彈完，全場歡聲雷動，兩個阿嬤還站了起來為他喝采。我讓他享受這勝利的時刻。

來上課時，我先稱讚他彈得很好，台風很好。「不過，賈斯，嗯，我必須禁止你表演時看觀眾。」我說。

他馬上說：「可是我看很多人都是這樣做的。」

「沒錯，但這樣看來，會覺得你不尊重觀眾，你看。」我示範，彈一彈琴看看他，繼續彈又看看他。

「這樣看來不是很專業，所以聽我的，好嗎？」他點點頭。

「而且很多小朋友都要學你彈比利喬呢。你是大哥哥，大家都把你當榜樣。」

後來我聽說賈斯的《Piano Man》在學校造成轟動，這成了他的拿手曲子。

他高中較忙，想盡量把比利喬的東西都學會，我們便加緊地學，我建議他高三時可以彈個不一樣的畢業演奏會，全場彈比利喬。

他為這個計畫感到很興奮，我們便設計了演奏會，有的他要邊彈邊唱，有的他要鋼琴獨奏。

這個消息傳出去，很多家長都要來聽，包括那兩位阿嬤。在他高中畢業的同一個禮拜，我們在他家舉行了一個小型的演奏會。

賈媽媽在演奏會開始說了幾句話，他們很以這個Piano Man為榮，也會想念他及他的琴聲，我想大家都有同感。

觀眾的情緒想必和我一樣，演奏會中沒有以往的激動，倒是不時傳出輕輕的啜泣聲，我知道是賈媽媽。而兩位超齡的阿嬤粉絲不改支持他的熱忱，每曲必站立喝采鼓掌。

我瞭解到什麼是「一個孩子的成長，是靠全村人的支持。」（It takes a village to raise a child.）

觀眾們有的是他的朋友，有的是家人，他們也一路看他長大，演奏完畢，大家都起立鼓掌，為這位傑出的青少年，也為他燦爛的前程。

要啟程到大學前，賈斯來看我。

他告訴我暑假到鋼鐵工廠打工，每天六點到工廠，下午六點才下班，長達十二小時的勞力苦工，他必須在高溫的鋼鐵鎔爐旁鏟鐵屑。

我問他那會不會很危險，他說當然會，雖然辛苦，但工資不錯，他已把一年的學費賺到了，明年暑假再繼續。

他拿出一個禮物給我，我打開是一個音樂盒，上面刻有一行字：「給獅子老師：我的老師、啟蒙者和朋友。」

我讀著眼熱了，祝福他的未來一帆風順。

他抱抱我，謝謝我讓他成為Piano Man。

我謝謝他讓我分享了比利喬的音樂及他的年少時光。

為我們唱一首歌吧，你是鋼琴手
今晚為我們唱一首
我們都希望聽到好歌
而你的音樂將讓我們覺得
一切將會沒事
我們的鋼琴手

我的鋼琴至交

我問他為何提名那位學生。他說，他評審有一個很簡單的方法，要是學生的彈奏感動他，那就是了。

雖然《給愛麗絲》我們都聽了太多次，但那次他聽了，覺得彈得真是好。

一個博士，可以欣賞一首小朋友彈的曲子，那真是不簡單。

馬修進到會場，向我敬禮，我點頭示意。

他走到鋼琴前，鎮定地坐下，把西裝的袖口向上拉起，乾咳了幾聲。他把腳踩上踏板，確定位置剛好，深呼吸，我知道他要開始了。

我身體向前微傾，期待他的彈奏。

馬修不是我的鋼琴學生，他是傑瑞的學生。傑瑞是我的鋼琴至交。

記得五年前，W學院的鋼琴教授退休後，大家很好奇誰會接這個缺，後來聽說他們請了K教授。

我們都對K教授很好奇，即使我沒有特地去問，也斷斷續續聽到他的消息：「聽說K教授很年輕。」「聽說他很厲害。」「聽說他都半夜練琴。」「聽說……聽說……」這麼多的聽說，也讓我好奇了起來。

我們兩個學院，說死對頭也不是，說友好也不是。一次我到W學院聽演講，看到我的主任。他叫我過去，對我耳語說：「怎麼來到『敵人』的學校？」我知道他不是開玩笑的。因為我們兩個學院提供的課程和學位滿相近，所以有些競爭。

他給了我K教授的名片說我們兩個同是鋼琴教授，應該聯誼一下。我把名片收下，心想，小鎮就這麼大，總有一天會碰面。

那年學生參加鋼琴比賽，K教授就是裁判。出乎意料的，他只提名了一個學生進入決賽，而那是我的學生。

我吃驚的是，那學生彈的曲子是貝多芬的《給愛麗絲》，不是我認為她彈得不好，而是K教授在聽了這麼多更大、更難的曲子後，他選了這麼一首普遍的曲子，一定是她彈得特別好。

我看了他寫的評語，對他更加賞識，因為他給的意見非常中肯。即使學生們還有需要進步的地方，對他而言，並不影響他給他們優等的決心，我看了非常感動。

我看過太多裁判，以超高的標準來評小朋友。

很多時候，我很想告訴裁判說，他們只是孩子，只是學生，請容許他們有彈錯音的空間，請對他們寬容，請給他們信心，及繼續彈下去的動力。

遇上好裁判，比遇到好對象還難。許多裁判用太嚴厲的標準評審，我辛苦打造的一個音樂天地，在他們毫不留情的評審之下，瞬間粉身碎骨。他們給小朋友很低的成績，我給他們的信心及興趣，就這樣一筆勾銷。我那麼多年的努力，抵不過一個等級分數。

在比賽前，我都會先告訴小朋友們，這只是一個比賽，而那也只是一個評審的看法。我推薦他們去比賽，就表示在我心中，他們已經是優等了。所以每次要送學生出去比賽，我都比他們還緊張，擔心裁判不夠專業，對孩子學音樂的心情不夠瞭解。

我也不是要評審放下心中對音樂的要求，因為這也要看比賽的性質，像他們這一個比賽，算是鼓勵性質居高。而別的州比賽，標準比較高，我派出的學生當然是更認真的。所以，我看K教授的評語，覺得他真是「上道」，感激之餘，我做了一件從來沒有做過的事，我寫了謝卡給他。

不是要巴結他，而是要謝謝他這麼用心的評審，這麼誠懇的意見。我的學生學到很多，一些我已經告訴過他們的建議，再經由別的老師提醒，印象會更深，我謝謝他的專業及用心。

他也馬上打了電話給我，在我學院的語音信箱裡留了五分鐘的話。後來，我才知道那就是他的作風，很仔細、很慢工出細活。

我們約了吃中飯，反正我們學校相距才十分鐘的車程。我中午下課後，到W學院去找他，敲了他辦公室的門。他開了門，我愣住了，他是一個小個子，有著東方臉孔。

他要我稱呼他的名字，傑瑞，帶我到學校的餐廳吃飯。我們很客氣地聊天，後來，我才知道他讀的是美國數一數二的音樂系，A大學碩士，接下來M大學鋼琴演奏博士。

喔，這個不算什麼。「普通人」拿鋼琴演奏博士至少要六年，因為要開六場一個小時以上的演奏會。他只用了三年的時間就拿到了，三年！我眼前的這個年輕人才二十六歲，卻已經是鋼琴演奏博士和教授。

我聽得目瞪口呆。優秀的人不是沒有見過，而是他不覺得這有什麼了不起。

他不想再談自己，問起了我的教學。我問他為何提名那位學生。

他說，他評審有一個很簡單的方法，要是學生的彈奏感動他，那就是了。雖然

《給愛麗絲》我們都聽了太多次，但那次他聽了，覺得彈得真是好。

一個博士，可以欣賞一首小朋友彈的曲子，那才是不簡單。

那次見面相談甚歡，而再不久有演奏會，我學校有事不能去，朋友們去了，回來後告訴我，「He is the real deal!」他是真材實料的。

我告訴傑瑞我有事無法去聽，很遺憾。他竟然不介意來我家再彈一次給我聽，我問他怎麼回報。他大笑說：「威士忌？」我說沒問題！

那晚他來到我家，在我簡單的地下室琴房，用我Samick的直立式二手鋼琴，傑瑞彈了一場大師級的演奏會。

史克里亞賓的奏鳴曲浪漫又纏綿，難度非常高，貝多芬的《一一〇號奏鳴曲》，這是鋼琴曲目裡的新約聖經，然後是李斯特的《但丁奏鳴曲》，哇，這是浪漫派的天曲。

他一彈完，我們起立拍手。他叫我們不要鬧，還問他的威士忌在哪裡。我馬上端上一個圓肚子酒杯的威士忌。

就這樣，傑瑞成了我的鋼琴至交。我們常一起去聽音樂會，一起開示範教學。

每次我到他的教室，他一定很慎重地介紹我。他會說：「歡迎我們今天的客座教授，我們Illustrious的獅子老師。」

我那時心想：哇，生字，那個字是什麼意思啊？我心虛地向大家點頭示意，心想我一回家，就要去查字典。Illustrious是卓越、傑出的意思，我看了馬上臉紅，把我說得這麼好，真是好兄弟。

我們也常去聽音樂會。一次他來載我，他的車是二手的喜美，開了很多年，一踩油門，車子就會興奮地吱吱叫。

那晚是冬夜，下雪又刮風的。好不容易他才在雪地裡停好了車，一輛保時捷唰地停在我們前面，還甩尾地撒了一些雪在傑瑞的車上。

我們一看，從保時捷走出來的是管弦樂團裡的小提琴首席夫婦。他們高雅地走出車子，我們兩個土包子看傻了。

一時間我們都沒有說話。我們都在想同一件事：是不是選錯樂器了？

你看，學小提琴的可以加入樂團，聽說首席位置年薪很高的。現在見識到了，人家是開保時捷的。但鋼琴很少有和管弦樂合作的機會，除非有曲子寫給鋼琴，或是當他們的獨奏者，而這樣的機會少之又少。

我們互看對方，都笑了，接著異口同聲說：「絕不！」

他上學期收了一個私人學生馬修，他通常都是在學院教，收了第一個私人學生，傑瑞非常興奮。

我也分享他的喜悅，因為這學生非常優秀，從小是媽媽教的。現在比較大了，覺得他應該開始讓別人教。

馬修是八年級的學生，和媽媽學得很好。他和傑瑞上了一個學期後，傑瑞鼓勵他報名州際比賽，還鼓勵我的學生密妮也去。

馬修和密妮兩人是同一年紀，報名之後，我們聽了他們的彈奏。那次比賽，他們兩人竟然雙雙拿下榮譽獎。

我笑說：「他們是雙胞胎嗎？」我告訴傑瑞，馬修彈琴的模樣，好有鋼琴家的架式，小小年紀，第一次參加比賽，台風不得了。而那巴哈彈得更是少有的成熟穩健。傑瑞說，每次聽密妮彈琴，也都進步不少。

當我聽到他這樣說，心中有了一個主意。我說：「嘿，我們這樣如何？我們給對方的學生各寫一封信。你寫給密妮，而我寫給馬修。就告訴他們剛才我們說的話。我想從別的老師來的鼓勵，意義會更不一樣！」

傑瑞覺得這個主意很好，我們當晚就各自發了電子郵件給他們兩個。

密妮上個學期又去參加了一個比賽，傑瑞是裁判。她彈完後，拿到了優等獎，但沒有拿到進入決賽的提名。

我看看傑瑞寫的意見，瞭解他還是欣賞密妮的彈奏，只是她還可以更好。我打從心裡謝謝他對音樂的標準。

那晚傑瑞就打電話來了，告訴我說，他很抱歉。

　　我馬上告訴他，快不要這樣說，「我非常感謝你，沒有因為我們的友誼而降低了你評審的水準。你要是因為我們是朋友，而讓密妮進入決賽，那就是不尊重我們的友誼，也對不起了你的音樂誠信。」傑瑞聽了，沒有再說什麼，因為我知道他也同意。

　　就在上個月，傑瑞問我可不可以代他評審，因為馬修要參加一個比賽，他是他的老師，所以無法評自己的學生。我欣然接受。

　　到了會場，馬修已經在外面等了。他進來後向我敬禮，我點頭示意。走到鋼琴前，他鎮定地坐下，深呼吸，我知道他要開始了。我身體向前微傾，期待他的彈奏。

　　馬修彈了起來，我專心地聆聽。

　　想起了傑瑞，想起我們的情誼，及我們對對方的信任及尊重，我知道我不會讓他失望的。

Country Roads Take Me Home

小女孩竟然從頭開始彈巴哈，你的心差點跳了出來。
你比小女孩還緊張，因為你知道這有多麼難。

早上我很早起來，因為今天要去參加鋼琴比賽。

我一起來就跑到客廳練琴，才彈了一會兒，弟弟就醒了。討厭的他馬上跑去向爸媽告狀，說我的琴聲把他吵醒，媽媽知道我有多緊張，所以她沒有讓弟弟再來吵我。

開玩笑，今天的比賽我準備了多久啊。從學期一開始老師就給我曲子，而且這是我第一次比賽彈巴哈。老師說小學六年級可以彈巴哈很棒，這是很大的進步呢。除了巴哈，我還準備了蕭邦。

巴哈不好彈，尤其是他的賦格，一個主題反覆出現，而後有答題，有模仿主題，對位法的結構讓背譜更加困難，但天下無難事，我一下子就背起來了。

老師很是吃驚，給了我很多張貼紙。

也沒有那麼難啦，主題出現後，再來的發展部像是出去玩耍般，亂跑一陣後，就又回家了啊。我彈了一次，都沒有出錯。

蕭邦我倒不擔心，上次演奏會我就是彈蕭邦。

我開心地去梳妝打扮，等下要穿上媽媽特別為我買的洋裝，希望弟弟不會也跟去比賽，真是跟屁蟲啊。

我把琴譜放進袋子裡，把擺在鋼琴上的凱蒂貓也帶走。

那凱蒂貓是鋼琴老師送我的，我彈第一首蕭邦時得獎的獎品，現在是我的護身符。看看東西都帶齊了，我們就出發了。

她很早起來，比鬧鐘還早。看看外面天色還是暗的，她起床梳洗後，在泡咖啡

時，研究起地圖。

今天要到Ｐ鎮當鋼琴評審，朋友聽到她要去Ｐ鎮，都笑她說那是很荒涼的地方，那邊的人真的會彈鋼琴嗎？

她看看地圖，高速公路開一個小時後，就接到羊腸小徑的山路，她數了數，五十公里，可能要再開一個小時才會到。

她把咖啡裝入保溫杯，拿了地圖就上路了。她是比賽唯一的評審，可不能遲到啊。才開上高速公路她就驚豔了！五月底春天姍姍來遲，光禿禿的樹及大地，在幾天的細雨下，慢慢甦醒過來。

原本灰暗的世界，在晨光裡，放眼望去山谷一片綠：淺綠、豔綠、深綠……綠色給人的感覺好像一股元氣注進大地，看了就神清氣爽。

她越開越快，猛地看到儀表板，告訴自己要慢下來。她看到路邊的指示，轉上了小徑。

一個轉彎，小徑帶她來到了另外一個世界，小徑一直往上蜿蜒，車子開到了山頂，往兩旁看，高高低低的丘陵，或遠或近，農場小屋錯落其中，讓她想起吉米哈利的蘇格蘭山谷，她笑了。她是要去評鋼琴比賽，而不是要去為小羊接生。

她雖然一路被風景迷住，但沒有忘記她得準時到達大學的音樂系館。大學在山坡上，她把車子停在一個近五十度的斜坡上。

看看時間，還有半個小時。她走到系館，門一開就聽到音樂廳傳來了琴聲，她想最好不要給學生壓力。

走出大樓，繞到大樓後面，她一看就傻了，大樓的背面斜坡可以俯望整個P鎮及環山景色。她在樹下坐了下來，想不到這樣名不見經傳的小鎮，有這樣動人的風景，一層層的山影，引著目光越望越遠。

身後有人叫她，是比賽協會主席。她拍拍褲子上的青草，起身和主席握手問好，比賽就要開始了。

到了會場，我趕快到琴房暖身，把巴哈從頭到尾彈一次，都很好，我很高興。雖然有一些緊張，但早上都練得不錯。

老師也來了，她問我好不好，有沒有暖身。我把凱蒂貓拿給她看，她笑了抱住我，說我今天會彈得很棒。

我們到音樂廳去準備，觀眾席上坐滿了學生、家長和老師。我們找了個比較前面的位置，這樣我上台比較方便，也比較容易看到別的學生的演奏。

裁判進來了，老師說她沒有看過那裁判，好像是從別州來的鋼琴老師。她一直面帶微笑，不是很兇的感覺，有的裁判都不笑，看了就讓人害怕。

快輪到我了。我把外套脫掉，老師給我一個鼓勵的微笑，握握我的手，媽媽也摸摸我的頭。臭弟弟坐在我後面一直踢我的椅子，我想回家之後，要把他的任天堂拿去丟掉。

前面的學生彈完了，我深呼吸一口氣走上台，向裁判敬禮，坐下來，彈起了蕭邦。

她很吃驚學生的程度，第一個上台的小朋友只有四歲半。

她一看到小朋友的年紀，假裝很鎮靜地看譜，想著四歲半可以彈什麼。小朋友很正式地向她敬禮，小小的個子，一頭金黃色鬈髮，像個洋娃娃，可愛得不得了，她咬住嘴唇不笑出來。

小朋友開始彈了，她看譜，是兩頁長的曲子，她越聽越訝異。小朋友彈得很好，雖然個子小，腳根本搆不到地上，但手勢及手指不僅有模有樣，還不失音樂性。

四歲半！她笑了，真不能小看任何孩子，她再一次提醒自己。

接下來幾個學生都很不錯，她聽出興趣，很慶幸自己來當評審，沒有聽信人言。這樣一個小地方，鋼琴學生的水準在她想像之上，誰說可以以一個小鎮的人口來評斷它的音樂教育？

她看看下個學生，要彈蕭邦《夜曲》和巴哈的《賦格》。她想，這個有意思，她向學生點頭示意可以開始了。

我蕭邦彈得很好，彈完後，我看看觀眾席，老師和媽媽都對我微笑。

我開始彈起巴哈，主題開始，答題接下來，手指一個不順，沒有彈好，沒關係，我繼續。咦，怎麼了？接下來呢？接下來呢？接下來呢？我繼續彈，但手指不聽話，越彈越不知道在彈什麼。我停了下來。

她停了下來，「發生了什麼事？我怎麼記不起來接下去怎麼彈？誰來幫我？糟了。」琴房練了上百次的賦格，怎麼會不記得怎麼接下去？

她告訴自己不要慌，從頭再開始。她可以聽到自己的心跳又快又大聲，好像要跳出來一樣。

她開始又彈了起來，不由自主地顫抖，頭腦一片空白，手停了下來。

全世界好像暫停了，音樂廳一片寂靜，平常觀眾最愛在台上有人演奏時咳嗽或打個噴嚏什麼的，現在什麼聲音都沒有。

她坐在台上鋼琴前，感覺快窒息了。

燈光打在她身上，而觀眾席的黑暗如怪獸般要把她吞噬。

她站了起來，向觀眾敬禮，跑向後台。

不知為何，那次上台的情景在這小朋友停下來的時候浮出她的腦海。

她至今還記得那黑暗、顫抖及恐慌。

她故意不去看小朋友，希望小朋友可以接下去彈，不要從頭來，那會更難。

巴哈的東西如同一個精準的德國鐘錶，少一個零件就無法運作。嚴謹的對位，一個主題堆上另一個主題，再配上副主題，再搭上發展部，一步步計算得剛剛好。所以，錯了一步，很難回頭。

她記得那天跑出後台，回到琴房，她就哭了起來，覺得丟臉，覺得無用，覺得自己什麼都不是。

她哭完後，整理琴譜，想到圖書館讀書。經過鋼琴老師的辦公室，她停下腳步，還是敲了門。

老師開門，看到是她，他要她進來，她一看到鋼琴，就放聲大哭。

老師愣了一下，沒有說什麼，就讓她哭，而他在桌子前坐下，點了一根菸抽了起來，靜靜地等她平靜下來。

看她哭得差不多了，老師想找面紙，發現琴房裡沒有這個東西，只有擦地板的粗紙張。他撕了一張給她，她接過來就笑了。這麼粗的紙擦了臉，會破皮吧。

老師說：「怎麼，發生了什麼事？為何彈不下去？」

她抽噎地說，她也不知道為什麼，一緊張就彈不下去。老師噴了一口煙說：「其實這個只告訴我們一件事，就是你還沒有準備好。離會考還有一個月，你好好練，我會幫你。」

她有些吃驚，老師並沒有對她失望，只是叫她再去練。

他說：「你寫一篇報告來，就寫今天的經驗和感受，聽著，這是個很不好的經驗，但你要知道，我們大家每個人都會經歷過這樣的上台經驗，是的，包括我在內。我們不能浪費每個經驗，尤其是不好的經驗，因為不好的經驗可以讓我們學到更多東西。不學的話，我們就浪費了它的價值。」老師說完，又抽了一口菸，要她回家好好休息，下個禮拜再來。

她回家打了報告，那晚就回到琴房，開始絕地大反攻地練琴。

她學到那次上台只是告訴她練得還不夠，準備得不周到，練得不夠，就再練，就這樣。所以，她很認真，而老師也不斷訓練她，再上台、再表演。

那次會考兼檢定考，她考過了。而巴哈，老師說她彈得有些無趣，但她通過了。

她看看小朋友，偷偷地傳給她一些訊息，一些力量。「加油！加油啊！你知道這首曲子的，會彈巴哈的人可不是這麼容易被打敗的。」

我好氣自己，明明從來沒有出過錯的巴哈，怎麼會彈得這樣？

我知道老師要我繼續彈下去，而我也知道怎麼接下去，但不行，我知道我可以彈得更好。我馬上下了決心，我要重來。我深呼吸後，從頭開始。

我知道老師一定要昏倒了，但我一定得這樣做。

我知道我剛才哪裡出錯，我就會更小心，更專心。主題部、發展部、再現部，最後結尾。我彈完了，我做到了！我站起來，和裁判敬禮，走回座位。

我想這次得不到特優，想到這兒，心裡一沉。回到座位，弟弟又開始踢我的椅子，唉，悲慘的人生。

爸爸媽媽和老師一直拍我的肩膀，說我彈得很好，看得出媽媽的臉色很慘白。奇怪？又不是她彈錯。

接下來的學生都彈得很好，真是讓我大開眼界，我尤其喜歡彈貝多芬的大哥哥，哇，一頭長髮，又穿西裝，帥極了。不知道他有沒有注意到我？覺得我彈得好嗎？我知道巴哈彈壞了，但我的蕭邦應該可以扳回一城。

比賽完畢，大家都到茶會去，裁判也來了。我看到裁判，馬上站了起來，她先和老師及爸媽聊天之後，竟然走向我，和我握手。

她告訴我，我很了不起，可以從頭再彈起巴哈，她很佩服我，說完還和我眨了一下眼。

我覺得很高興，即使沒有得到特優，我想還有下次。我們和裁判說再見，老師把評分表拿出來看。她比我還急著要看結果。

小女孩竟然從頭開始彈，她的心差點跳了出來。

她比小女孩還緊張，她知道這有多難。

她屏住呼吸，看著譜，心裡為她禱告，希望她一路順利彈完。她真做到了，從頭到尾，不只沒有錯誤，更是高潮迭起，把賦格彈得非常精采。

她想起以前老師說她的賦格太無趣，不禁微笑。小女孩彈完，她為她拍手。

接著大廳一陣寂靜，等她寫評論，她沒有寫完，下個學生不能開始。

她想都沒想，寫下：「我為你的勇氣及演奏鼓掌，好好加油！」她打了等級，簽了證書，她點頭，要下個小朋友開始。

都評完分，比賽結束，主任約她到茶會，終於大家可以和她聊聊。

她恭喜參賽的小朋友們，看到那個巴哈女孩，走過去告訴她，她彈得很好，要她加油。

走出大樓，她看看藍天白雲，知道小女孩會喜歡她得到的等級和分數，她微笑。上路了，開上山路，她又看傻了，她不禁唱起：《Country Roads Take Me Home》。

Oh, My God！我得到了特優，特優耶！我太棒了。

鋼琴比賽結束了，我終於可以打任天堂了，今天一定要打敗弟弟。

香奈兒姊妹花

她告訴我她姊姊要轉來學院，也想修鋼琴課，我說那很好。她說：「答應我，老師，你不會把她教得太好，不管怎樣要控制她的程度在我之下。」

學院開學了三個禮拜，一切自兵荒馬亂中開始回歸平靜，要加課的、要退選的都塵埃落定。我滿意地看著課表，總算擺平了。

電話響了，我接起來。「老師，我是瑞安，記得我嗎？」我說當然，她說從開學就一直在等我的電話排課，但都沒有消息，倒是一直接到一個騷擾的電話留言，「是個叫亞倫的男生，不知怎麼弄到我電話。」

我聽完大笑說，我知道怎麼回事了。註冊組把她的課排到吉他老師亞倫那兒了。難怪，我們異口同聲說。

瑞安接著說：「聽好，我現在大三，我從大一和你學琴，我打算學到大四，所以以後只要你看到註冊名單上沒有我的名字，請你一定一定要知道是註冊組弄錯了，想都不要想就直接幫我排課，好嗎？」我說好，沒問題。

她說那她錯怪了亞倫，得打電話給他，說是誤會一場。

瑞安是個很標準的學生，上課從不遲到，我交代的功課一定照練。她從大班課一路上到個人課，也學得越來越好。

她說小時候和姊姊一起學鋼琴，覺得彈不過姊姊。不過這些年反而是姊姊沒學了，聽瑞安彈得有模有樣，也彈了起來。

「她很討厭，總愛在我週末回家時彈琴，明明就彈得不好啊。」

瑞安每次說到姊姊，總是一副不服氣的表情，「不過，她知道我現在彈得比她好了。」瑞安很得意地說。

瑞安在校園裡頗負盛名。她的出現總是引起騷動，因為在大學裡學生總是邋遢出名，還曾有學生穿睡衣就來上課了，但瑞安從來不這樣做的。

上了她這麼多年的課，每次她總是打扮得像要參加盛宴般的漂亮正式，害得我上她的課，也注重起打扮了。她全副的化妝不說，耳環、鞋子和衣服一定是全套的，腳上則是高跟鞋。

這也沒什麼，但學院位居山谷，校園裡高高低低的地勢，又是上坡又是下坡，在這兒走路就是一趟很好的運動，何況是踩著三吋高跟鞋！而瑞安就這樣喀喀喀地穿著高跟鞋，上坡又下坡來回校園，走來完全不費力氣，像隻花蝴蝶。

她告訴我她姊姊要轉來學院，也想修鋼琴課，我說那很好。

她說：「答應我，老師，你不會把她教得太好，不管怎樣要控制她的程度在我之下。」我聽了大笑。她卻一臉正經，看來真的擔心姊姊會再贏過她。

姊姊果真來註冊，上課的第一天，我很好奇，不知她是不是和瑞安一樣愛打扮。

姊姊遲到了。琴房辦公室電話響了，是瑞安，「我姊姊遲到？這傢伙，我叫她上你的課絕不可以遲到的，我打給她。」

YES, WE'RE ALL DRESSED UP!!

瑞安比我還緊張，此時我聽到走廊傳來喀喀喀的聲響，還有一個女高音的聲音，「我找不到眼影啊，你拿去對不？我也找不到香奈兒包包啊，所以我慢了些出門，好啦，少囉嗦，我到琴房了。」

我聞聲打開門，看到了一個金髮美女。「嗨，老師好，我是瑞秋，瑞安的姊姊。請幫我打敗我的妹妹。」

瑞秋也很愛打扮，不過她的穿著和瑞安完全不一樣。

姊姊是辣妹型的，裙子穿得更短，頭髮染成更金黃，高跟鞋更高，妝化得更濃。好玩的是她愛戴名牌的東西，耳環是閃閃發光的香奈兒，兩個背對背的C字，晃來晃去。書包也是香奈兒的，黑底襯白字。

「我的天，香奈兒。」鄉巴佬的我對著包包十分豔羨。

「老師，這些都是假的啦，你喜歡的話我幫你去買，一個才五十塊美金。」

瑞秋的琴憑良心而論，真彈得不錯。小時候的基礎打得好，雖然很多年沒碰了，我們複習舊曲子，很快的她跟上了腳步，練起新曲子。

我小心不讓她們的曲子重複，也盡量不讓她們有得比較。不過妹妹很敏感，對著她這個多年的假想敵，她緊守她的戰場，而姊姊也知道這個她曾經霸佔過的領域，妹妹已攻下。這樣出手不見血的你來我往，最容易內傷的反而是我。

「彈得很好啊，瑞安。這華爾滋的節奏你已抓得很準了。」我說。

「謝謝，那有沒有彈得比姊姊好？」她追著問。

「你要和自己比啊，你看，我們從單手的曲子練到現在，彈起華爾滋了，這多不容易！」

「對啦對啦，但有沒有比姊姊好？」而這姊妹情仇越演越烈，兩人開始大打出手。

「瑞安把我的琴譜藏起來了，害我都找不到。」

「瑞秋故意在我練琴時，在一旁講電話。」

我想起我的妹妹和我在學琴時，只要我彈她在練的曲子，她會和媽媽抱怨，叫我不可以彈「她的」曲子。

一次瑞安沒來上課，姊姊為她請假。「妹妹最近在準備研究所的考試，累壞了。她從小就是這樣，什麼都要學到最好。」

她說起她們小時候的事，「我們一起在萬聖節去向鄰居要糖，瑞安才三年級，跟在我後面，趕都趕不走。她個子小，袋子又大。我告訴她袋子不要在地上拖，會破掉的。結果一個晚上我們豐收，拿到好多糖果，回家路上，我要她走快一點，才發現她的袋子早破了，一顆糖都沒剩。」瑞秋笑了起來，我可以想像小瑞安焦急的樣子。

「她哭了嗎？」我問。瑞秋笑說：「當然！哭得好大聲，好傷心。我趕快循原路回去幫她找，找不到幾個糖果，所以囉，我分一半給她。」

要會考了，瑞秋煩惱的不是考試的曲子，她早就準備好了，「要穿什麼呢？」她問，我告訴（其實是拜託）她：「穿正式一點，長一點的裙子，低一點的鞋子。」

她拿出一個鑽石手鐲，我眼睛差點睜不開，「啊，好亮。」我說。

她得意地戴上說這個是香奈兒，她等不及要在會考上戴。問我戴哪一手，觀眾才看得到。

我聽傻了，教琴這麼多年，沒有聽過這樣的要求。

「嗯，我想右手吧。」我說。她滿意地把手鐲收好。

考試那天，這對姊妹花豔力四射地出現在演奏廳。瑞安穿了一套粉紅襯黑底的香奈兒套裝，非常的淑女；而瑞秋一身黑，黑色的高跟鞋、鑽石耳環，兩個C字搖來晃去，當然，她沒有忘記手鐲。

瑞安先上場，我看到瑞秋很專心地聽妹妹彈，妹妹彈完，她的掌聲比誰都大聲，眼神裡有止不住的驕傲。

我拍起手，心想，姊姊就是姊姊啊。

而當瑞秋上台，妹妹瑞安看姊姊的神情，那眼中的光彩比香奈兒手鐲更為動人，我看到了尊敬、服氣，還有那永恆的崇拜。

叫我第一名

「沒有人能教會我的啦，我試過很多次了，以前學過鋼琴，上了一堂課我就不高興，不去學了。」我問那是什麼時候的事。

「五歲吧，老師覺得我的手太小，我學了《小蜜蜂》，老師說我不適合彈琴，就沒再去上了。」我看看她的手，修長白皙，讓我想起蕭邦的手。

盈盈是我最新的學生，三十歲朝九晚五的上班族熟女。

她對學琴一事覺得有趣，並不擔心學不會，而是怕我一世的功名可能毀在她手裡。

「沒有人能教會我的啦，我試過很多次了，以前學過鋼琴，上了一堂課我就不高興，不去學了。」我問那是什麼時候的事。

「五歲吧，老師覺得我的手太小，我學了《小蜜蜂》，老師說我不適合彈琴，就沒再去上了。」我看看她的手，修長白皙，讓我想起蕭邦的手。

五歲孩子的手怎麼會準？一定還會長大的啊。

「我們來試試吧，我還沒有教不會的學生。」

她說：「好，那你先彈首拿手的曲子來聽聽。」

我彈起了李斯特的《悲嘆》，她聽了眼睛發亮，一下就坐上鋼琴凳子，把我擠開，雙手在鋼琴上裝模作樣。「這很簡單，就這樣，對不？」我大笑。

我拿出芬貝爾的初級教材，從C大調的位置開始。

盈盈學得很快，第一首《西班牙吉他》才帶過一次，她就會了。右手一次，左手一次，期間我提醒她音符的走向。我們馬上試了雙手，一拍即合。我說她好棒，她覺得驚奇，說她以前不論怎麼學都學不會，而在音樂課上，都要一再補考。

下一首曲子我就先彈了一次給她聽，結果她一試，從頭到尾沒有一個錯音，正要誇讚她。她說她是用聽的，並沒有看譜。

她告訴我，她高中時參加樂隊，吹奏管樂器。「沒辦法，被強迫參加，我又看不懂譜，同學就吹給我聽，我記著旋律，就這樣濫竽充數，也讓我混過去了。」

我想，要這樣也不簡單，就像唱歌要對嘴的話，也要把歌詞背熟啊。所以我猜盈盈的聽力不錯，只是沒有人教她如何讀譜。

我提醒自己，以後絕不可以這樣示範。她學新曲子，一定要她先彈過一次，要是我先彈給她聽，她一聽就會，就不會想要讀譜了。

我們也一起去聽鋼琴演奏會，她對演奏廳的大鋼琴非常有興趣。「哇，鋼琴好亮，可以看到倒影呢。」「我們真的會彈到八十八鍵嗎？六十鍵就夠了吧？」「踏板的位置不符合人體工學，你看，右腳要踏的話，身體得斜一邊。」我在一旁，聽她發表高論，覺得好玩極了。

這和平時跟同事或是學鋼琴的朋友出席音樂會很不一樣，我也開始想踏板的位置是否合適。

演奏會開始，鋼琴大師琴藝超人，融入於音樂之際擺頭晃腦，陶醉在音樂的世界裡。

盈盈聽得非常投入，告訴我她最喜歡巴哈。「多像我，快樂又大方，一聽就知道他是個對生活很滿足的人。」

貝多芬她聽得心驚膽跳。「很焦躁耶，又不平靜，聽了好緊張。我還是喜歡巴哈。」而下半場的交響曲，她聽了後靠過來說：「嘿，這首我知道，以前補考過啊。」

後來上課，她問我她何時要開演奏會。我說你才開始學，我們再看看。

她彈起我們剛學的《快樂頌》，背起來了，彈得很好。只見她彈琴時，不看琴鍵，看天花板。

我提醒她看琴鍵，還是看手指。她說，鋼琴大師也是這樣彈的啊。她繼續搖擺身體，時而閉眼，時而看天花板，彈畢後睜大眼看我問說：「咦，你沒喊安可？」

我笑了起來說道：「人家鋼琴大師融入音樂才不看琴鍵的，你要看琴鍵啊，不然你怎麼知道你按到什麼鍵？」

她狐疑地看著我：「你怎麼知道我沒有融入音樂？而且說不定我一直學，有一天也會是大師啊。咦，你不是什麼最佳啟蒙老師？我怎麼一點都不覺得被鼓勵了？我何時開演奏會嘛？」

我看她興致這麼高，心想好吧，聖誕節有一個小型的演奏會，就讓她上台。

我一向主張學生至少得學六個月以上的琴才能上台表演，但遇上盈盈這麼熱衷鋼琴的學生，我想破一次例也無妨。

這下她更興奮了，「我要彈什麼呢？」我建議她彈《快樂頌》。

她說：「我還會彈《西班牙吉他》、《小步舞曲》和《螢火蟲》，還要有《安可曲》喔。」

我告訴她，演奏會學生都是選一首彈得最好的曲子上台。

她眨眨大眼睛說：「我每首都彈得很好啊，真是傷腦筋，不用選了，當然全都彈了。還有，我是壓軸嗎？」

我聽了大笑說：「當然是我壓軸。我是老師耶！」

她說演奏會當天她要找幾個朋友來，彈完一首眨左眼的話，朋友P就叫安可，她就可以接下來彈，再彈完，眨右眼，朋友S就喊安可。「我都安排好了，最後我眨雙眼，他們要一起喊安可。哇，那五首不夠了。」

我們大笑，彈起《螢火蟲》的四手聯彈。

我看她臉上散發著光芒，那光芒中有種大無畏的精神與勇氣，有重拾音樂的喜悅，還有一些我說不出來的東西。

我忽然有些羨慕盈盈。她的音樂裡，雖然沒有鋼琴家的精湛技巧，但有很多人沒有的自信，而自信所發出的光彩，原來是最美的。

我叫她第一名，她說當然。

不能說的祕密

我問她想彈什麼給我聽。「老師，這個我很喜歡。」她眼睛發亮地說。我抬起頭看她從袋子裡很寶貝地拿出一本譜。

「你看，這琴譜是我同學送我的生日禮物《不能說的祕密》。老師，這電影你看過嗎？」

小雨來上課。這是她停了兩年後的第一堂鋼琴課，看得出來她有些害羞和期盼，也有些緊張。

我歡迎她來，她拿出以前彈過的譜給我看：《徹爾尼練習曲》、《小奏鳴曲》、《布爾格彌勒組曲》……我接過來，翻翻譜，問她一些問題。

這些曲子算是標準曲目，我問她想彈什麼給我聽。

「老師，這個我很喜歡。」她眼睛發亮地說。我抬起頭看她從袋子裡很寶貝地拿出一本譜。

「你看，這琴譜是我同學送我的生日禮物《不能說的祕密》。老師，這電影你看過嗎？」

我接過來，薄薄的譜，黑色的封面，有著周杰倫的酷。

我翻了翻，問小雨彈過嗎？

她拿過譜說：「這首《彩虹》我很喜歡。」她把譜放上鋼琴，彈了起來。天空剛下過雨，空氣裡有秋天的味道，清清涼涼的，而夜正悄悄地降臨。左手的低音琶音開始幽幽唱起，右手如詩般的旋律加了進來。

哪裡有彩虹告訴我
能不能把我的願望還給我
為什麼天這麼安靜
所有雲都跑到我這裡

看不見你的笑　我怎麼睡得著
你的身影這麼近我卻抱不到
沒有地球太陽還是會繞
就算放開　那能不能別沒收我的愛
當作我最後才明白

我感動了，鋼琴唱著沒有歌聲的情歌，反而有另一種意境。

我告訴小雨我們可以從這首曲子開始練起，雖是流行歌，但我們可以學習把右手旋律彈得更完整，而且左手的琶音也是很好的擴張練習。

我帶小雨練左手，寫下指法，幾次後，我加入她彈右手。

我問她哪裡是整首曲子的高潮。她側頭看看，沒有說話。

我說我彈一次給你聽。「就算放開，那能不能別沒收我的愛。」Fa的高音帶出了旋律的張力，「你這裡可以稍微慢一下，這樣更突顯出『沒收我的愛』歌詞的淒美。」小雨點點頭。

我想這樣也好，我們從她喜歡的曲子開始，然後往回練。我接下來選了布爾格彌勒的敘事曲給她彈，我先彈了一次給她聽。

這曲子是布爾格彌勒組曲裡的經典之作，一開始右手的C小調跳音和弦帶出神祕的氣氛，左手突然冒出十六分音符急急的旋律，好似森林裡的夜巡隊伍，在黑夜中前進。

一個峰迴路轉後，柳暗花明又一村，撥雲見日，我們來到C大調，在月光下我們找到了溪流，夜巡隊帶馬匹前來休息。再上路，爬坡，前進，終於來到了城堡，進了城門。

我彈完，看看小雨，問她喜歡嗎？她不好意思地說，好像很難。

我笑說，不會的。我分析給她聽，第一段和第三段一模一樣，中間的第二段轉到C大調，反而比較簡單，我們先練第一段就可以了。

她聽了如釋重負般地笑說：「老師，這首其實滿像《不能說的祕密》裡的《祕密、慢板》。」

把譜找來，「你看！」小雨指著譜上的十六分音符說。

我坐上凳子，彈了起來。《祕密、慢板》一開始很抒情，甚至有些巴洛克的味道，第二頁一個終止式後，音樂變得激烈，因為加進了快速的十六分音符，我警覺地更加仔細視譜。

這個段落開始時我吃了一驚，低音和高音若無其事交替著彈著八度和弦，而中間的聲部一串急迫的十六分音符把它們串連在一起。

右手得穩穩地彈十六分音符，而左手的和弦得上上下下地越過右手而彈，非常忙碌有趣。我彈出興趣，最後一頁雙手合在一起彈著又厚又密的和弦，把整首曲子帶到最高點。

彈畢，小雨問我像不像那敘事曲。我說有，而我竟微微地羨慕起小雨。

我羨慕他們這一代，可以如此地彈周杰倫，可以在KTV裡飆他的歌，可以在鋼琴課上彈他的編曲，可以在國文課討論方文山的歌詞，甚至在國小畢業典禮上唱他的歌當畢業歌。

他們這一代有周杰倫，而我呢？

想了想，我笑了，因為我有我的學生，他們會把我來不及經歷的帶給我，和我分享，如這本《不能說的祕密》。

我送走小雨，回到琴房，看著遠方天邊的上弦月，打開舒曼的《兒時情景》，彈起了《夢幻曲》。

秋天的心事

我說我一直很感謝我父母給了我一件最棒的禮物。
小瑪麗安睜大了眼問我是什麼？
我說，你猜。
她說，嗯，最好的禮物應該就是免費的午餐了。

小瑪麗安來上課。其實她不小了，昔日瘦小的身影，已不復存在。待前一個學生一走，她站起來抱我，我發現我得抬頭看她。
「小女孩，何時長高的？」
她笑笑，迫不及待的告訴我：「老師，我媽媽也要和你學琴。她這幾天一直在練琴，都用我的課本啦，好討厭喔。」

她很認真地繼續說：「你知道嗎？她都沒有剪指甲，指甲留得好長。我一直告訴她要和你學琴，就必須剪指甲。」

我大笑，她很認真地執行我的琴房規則呢。

小瑪麗安的媽媽凱莉是我的好朋友。她是學校合唱團的指揮，我是伴奏。學期一開始就跟我提過要用學校的進修獎金來和我學琴，我知道她忙，告訴她只要她找得出時間，我就會幫她上課。

她來接小瑪麗安下課時，和我約好了時間。「我等不及要和你上課，好緊張又好興奮。」我笑說有什麼好緊張的。

小瑪麗安唸起琴房規則：「不可以和老師聊天。」

我和凱莉齊聲問，有這條規則嗎？

小瑪麗安拿起筆寫下：「No chatting.」說：「現在有啦！」

終於到了凱莉上課的時段，我們都很期待這天的到來。

她一進來，我們像兩個小朋友興奮地嘰嘰喳喳說個不停。

我想到小瑪麗安的吩咐說：「嘿，我們得專心上課。」

她說：「是的，老師。」

打開課本，她想到什麼似的，把手伸出來說：「你看，我剪指甲了！」

凱莉的手很瘦長，左手戴著兩顆巨大的鑽石戒指，真的太大了，她把它們拔下。我拿起來把玩，她告訴我這些都是家族的傳家之寶，以後要傳給小瑪麗安的。

我們從音階開始，她彈了幾個大調的音階。我看她的指法有些問題，才要糾正她，她已經自己說了起來：「知道啦，知道啦，右手第三指後大拇指得轉過去，可是好難。啊，天殺的，又錯了……啊，怎麼會這樣？在家裡練習時根本沒有出過錯啊。」而我在一旁笑得肚子痛。

我說那些琴房規則早被她打破了，目前為止還沒有人這樣在我面前罵髒話。

她說都是我的錯，我讓她很緊張。

我問為什麼，我們是這麼熟的朋友了。

她說越是這樣，她才更不希望讓我失望。

我很吃驚，原來一坐上鋼琴凳子當起學生，心情丕變。

記得我彈給同事傑瑞聽時，也有些緊張，希望不要彈壞了。原來從我這個椅子換到鋼琴凳子，短短的距離，心情卻大大不同。

凱莉繼續彈了《小步舞曲》，我要她下次背譜來，並在琴譜上畫下記號。

她看了皺皺眉頭，把筆拿過去，把記號重畫。「哎呀，我哪有時間練琴，整天上課到下午，又要接孩子上下課，練到這兒就很給你面子了。」

我威脅她再不聽我的話，我要和小瑪麗安打小報告。她可比媽媽乖多了。

凱莉不服氣地說，孩子家教好，也是她的功勞。她說的沒錯。

小瑪麗安等不及要來接她下課，她一定會問媽媽學得好不好。

我想起上個禮拜看到小瑪麗安，已經是個小淑女了。記得我剛搬來山谷時，小瑪麗安才出生。凱莉抱著她，小小的一個嬰兒，而今天已經長得比我高了。

凱莉告訴我說：「小瑪麗安一直很煩惱她胸部小，我也一直沒有告訴她我的是做出來的，謝謝你們大家的合作。她這麼大了，都沒有人向她透露這個祕密，我想反正有一天我會告訴她。結果想不到某次家庭聚會上我姊姊就告訴她了。小瑪麗安氣急敗壞地來問我，倒不是氣我一直沒有告訴她實情，而是擔心我那時餵她母奶，怕母奶有毒。我說小朋友，你看你都長這麼高，沒事的啦。」我們又笑倒了。

凱莉嘆口氣說：「她一轉眼就十四歲了，我一直希望可以給她一個弟弟或是妹妹，記得上次懷孕要你幫我說情的事嗎？」

那時凱莉嘗試懷孕有一段時間了，後來終於有了，當她告訴小瑪麗安這個消息時，已經九歲的小瑪麗安很生氣地跑走了，她不要和任何人分享媽媽的愛。

「她跑到後院的樹林裡，我們找了好久才在溪邊找到她。」

我那時聽了心中有個主意，等到小瑪麗安來上課時，我告訴她我才和妹妹打過電話。

她問妹妹好嗎，我說很好。我接著說我一直很感謝我父母給了我一件最棒的禮

物。

小瑪麗安睜大了眼問我是什麼？我說，你猜。

她說，嗯，最好的禮物應該就是免費的午餐了。

我大笑說那怎麼會是最好的禮物？我指的是我的妹妹，我爸媽希望我有一個伴，我們可以一起作伴長大。

她歪歪頭說，還是覺得免費的午餐比較好。

秋天來了，凱莉的小嬰兒在一次產檢中，檢查出沒有心跳聲。

「醫生問我要不要當下做手術，還是要等明天？那是個萬聖節，小瑪麗安已經在家打扮成了公主，等我帶她去『Trick-or-treat（不給糖就搗蛋）』。我想了想說，女兒在等我，我明天再回來手術。」

我輕聲地說我記得，拍了拍她的肩膀，一時之間我們沒有人說話。

砰的一聲，琴房門打開。

我們都嚇了一跳，是小瑪麗安。「被我抓到了，你們果然沒有在彈琴而在聊天，真是不乖啊。」她得意地說。

我和凱莉相視而笑。

「你媽媽今天很棒，《小步舞曲》已經可以彈得更快了。」

凱莉馬上彈了起來，「你看，媽媽的手形還真漂亮呢！」我說。

小瑪麗安待媽媽彈完，開心地拍起手說：「啊，媽媽，我真以你為榮啊！」

我說是的，你媽媽很棒！凱莉和我眨眨眼。

我知道她的意思，我不會告訴小瑪麗安這個故事，因為一個媽媽的愛，豈是一個秋天的故事可以講得完的？

喜悅的線條

我說要看畫，她說：「我是藝術家，我決定什麼時候可以給你看。」

我抗議，校車上大家都看過了，而且同學也都看過了。

「我趕他們都來不及！你要尊重藝術家的原則啊，我說還不行就是不行。」

蘇菲亞很會畫畫，來上課時都讓弟弟和妹妹先上課，自己就坐在地毯上畫了起來。

我們都愛湊過去看她畫畫。她拗不過我們，側身讓我們看她的畫，大多是鉛筆素描，有弟弟的小手捧著一顆蘋果，有同學麥肯露出一嘴牙齒矯正器的笑容，有手的素描、有耳朵、有鼻子……雖然弟弟妹妹常看蘇菲亞的畫，但他們比姊姊還興奮，為我介紹：「這是我的手！」「你看，這是我的鼻子！」

我愛極了鉛筆的線條和觸感。記得學生時代鉛筆是必備的，寫記號在譜上、上聽寫課、理論課、對位法等等，都得用鉛筆。

我最喜歡2B自動鉛筆，寫起來顏色夠深，又比HB還要軟些，用來寫音符，那種觸感很完美。而橡皮擦最好用的是日本牌子Mono，每次回台灣，都要買一打回美國。Mono可以把任何筆跡擦得乾乾淨淨。記得以前也學過素描，試過了簽字筆、蠟筆、粉彩筆，總覺得還是最喜歡2B鉛筆。

看藝術家的作品時，我對他們早期的東西更有興趣，尤其是他們學生時期的素描。當他們還不是很有名的藝術家，不知道未來會聲名大噪，自己的畫會在拍賣場賣出天價，一切的一切才剛開始萌芽時，有的作品可以看出一些以後發展的蛛絲馬跡，有的完全看不出來。

藝術家也常用鉛筆素描畫他們比較生活面的題材，可能因為鉛筆更好攜帶，去戶外寫生只需要一枝筆一張紙，也因為素描是基礎，要打好才可以更上層樓。

蘇菲亞的素描看不出是來自十五歲的孩子，每張素描看來線條和比例都很成

熟。

她很有興味地看著弟弟妹妹爭先恐後地介紹她的畫，看到滿意的畫微笑，看到不滿意的則皺眉搖頭。

我每翻一頁，就讚嘆一聲：「哇！」「嘩！」「看！」

她說：「老師，你知道有多誇張？這次學校美術比賽，我被自己打敗了！第一名、第二名、第三名、總冠軍都是我，害我很不好意思。老師看了我的作品就全部呈送上去，也沒有問我，結果引起軒然大波，真是的。」

她接著拿出六個獎章給我們看，我們都大笑。弟弟妹妹把獎章拿去玩。

蘇菲亞看看我，突然說：「老師，我要畫你。」我愣了一下，問她要怎麼畫。

「給我一張你的照片。」我喜孜孜地找出一張沙龍照。

她皺了眉頭說這樣的照片沒有生氣，不過她會試試看。

記得以前妹妹修素描時，常常看她帶一堆作品回家，然後把它們一一擺在客聽。「來，你來選一張。」她要求我。

我受寵若驚地專心看她的作品，每一張素描，都有一種感情在裡面。我評論完，她也會交換她的想法。

記得有一次她要交作業，就趁我睡覺時畫我的臉，我才知道我睡覺是什麼樣子。

那段和藝術家妹妹當室友的日子，我滿懷念的，雖然我不是讀藝術的，可是看她每天這樣畫畫、看畫展、評論藝術品、唸藝術史，覺得自己也學到不少。

後來蘇菲亞來上課，我問她畫得如何。

「不行啦，你那張照片太完美了，我畫不來，給我一張生活照。」她命令我。

我把壓在桌墊下一張我和妹妹的合照拿給她說：「這是我最喜歡的一張照片，不要弄丟了。」

她接過去，「哇，你們好可愛喔。這是你妹妹？這是你？什麼時候照的？」我沒好氣地說是去年。

一個禮拜過去了，兩個禮拜過去了，學生來上課，竟然開始向我報告畫的進度。「蘇菲亞畫你妹妹畫得好像！」

「我的妹妹？你有沒有看錯？她是要畫我的。」學生說：「沒錯，是你妹妹，我們在校車上有看到照片，你是什麼時候照的？」

「去年啦。」

這樣的對話竟然在不同學生來上課時重複了幾次，才發現蘇菲亞每天就帶著那張照片，有空就畫上幾筆。而她沒有畫我，只畫妹妹。

我告訴妹妹，她覺得非常新鮮，我也向她報告素描進度。

蘇菲亞來上課，我等不及要看畫。她說：「對了，看了照片，我也不知道為什麼，我畫了你妹妹，覺得她的臉比較吸引我。」我吃味地謝謝她。

她大笑說或許畫完妹妹，會畫我，我說才不要她的同情。

「不過，老師，她的眼睛不好畫，我畫了好久。每次同學看我在畫就湊過來看，然後評論說眼睛不像，氣死我了。」

我笑說：「怎樣，嫌我們東方人眼睛太小，不會畫？」她大笑。

我說要看畫，她說：「我是藝術家，我決定什麼時候可以給你看。」

我抗議，校車上大家都看過了，而且同學也都看過了。

「我趕他們都來不及！你要尊重藝術家的原則啊，我說還不行就是不行。」

我笑了，我也瞭解她的執著，知道藝術需要時間。

她說的也沒錯，她是藝術家，她決定什麼時候作品可以亮相。

我後來就沒有再問她了，因為學生都會向我報告畫的進展。我覺得好玩，她就這樣把我們的照片隨身攜帶。我終於忍不住問學生，到底畫進行到哪裡了，他們告訴我早完成了。

上課時我試探性地問她畫得如何了。她眼睛看著天花板，一副很沮喪的臉。

「唉，我好氣好氣，快氣死了。」我問怎麼了。

她說：「我畫壞了。昨天我畫了好久，氣自己畫不好，就把照片很生氣地丟在地上，大哭起來。」

「噢，蘇菲亞，那只是習作啊。」我安慰她說。

她說：「你不瞭解，我越看畫，越覺得畫得好爛，怎麼改都沒有你妹妹照片上的笑容，還有那眼睛，你知道那眼神真是俏麗啊，可是我捕捉不到。我氣自己做不好，而且我肯定你會覺得很失望的。」我笑了，藝術家要求完美的個性在她身上顯露無遺。

「蘇菲亞，我向你保證我不會失望，因為你花了很多心血，那就是藝術了，過程比結果重要啊。」

她負氣地看別的地方，「你別想要拐我讓你看畫。」

我笑了，「讓我看一下啦，我保證不會失望。」

「你會的，你會的，我對不起你。」

就這樣我們磨了很久，我放棄了。我想，我要尊重她的意思。

「好吧，來彈琴。」她彈起奧芬巴哈的《船歌》，突然想起什麼似的，告訴我週末的醫院義演她有事不能去，要我不要生氣。

我說不會的，突然想起，這是很好的王牌。

我清清喉嚨說：「真的不能去義演，好吧。這樣，你讓我看畫，我就不生氣。」她大笑，終於說好，打電話要媽媽把畫帶來。

蘇媽媽進來，也帶弟弟妹妹進來等上課。

蘇菲亞接過畫，不放心地說：「你答應我，你不會討厭它。」

我舉起右手說：「我發誓。」她才慢慢地把畫夾打開。

我一看就愣住了！妹妹的笑臉，浮現在我們眼前。那些鉛筆的線條，隨著照片的影像形成了一張我熟悉不過的臉，但那臉，有了生命，那眼睛像在看著我笑。

我被畫裡的情感感動得不能自已，我說：「謝謝你，這畫真的很……」

我發現我話沒有說完，就哽咽了。

蘇菲亞抱住我說：「喔，老師，不哭不哭，你喜歡就好。」她拍拍我的背。

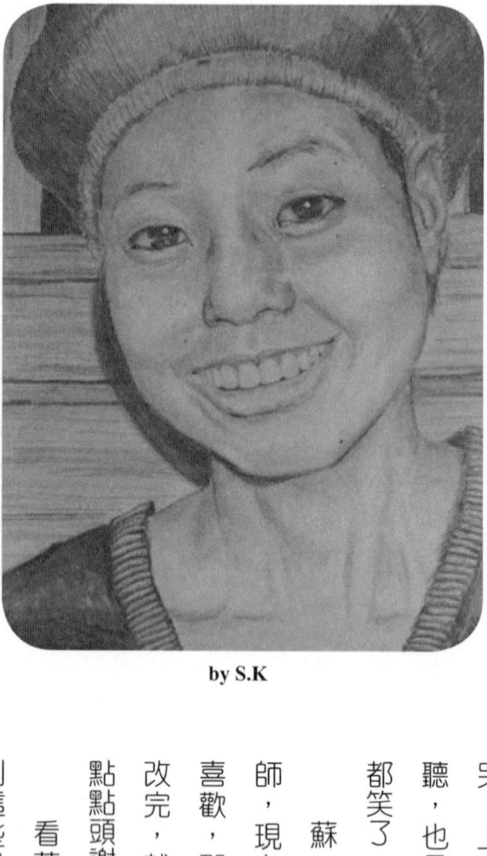

by S.K

弟弟向媽媽抱怨：「每次姊姊都讓老師哭，上次她彈琴給老師聽，也是這樣。」大家都笑了。

蘇菲亞說：「老師，現在我知道你真的喜歡，那我把一些細節改完，就送給你。」我點點頭謝謝她。

看著畫，剎時瞭解到這些鉛筆的線條會說話，帶給我的是滿滿的喜悅，還有愛。

完美「琴」人

在這個時候，老鋼琴家出了一點小錯，他轉了幾次，才接了上去。

老鋼琴家在我們歡迎的掌聲中走到鋼琴旁敬禮。他穿著一件白色襯衫，領子上結了一個領結、一件牛仔褲，一頭白髮，真是性格。

他請我們不要用太嚴格的標準來聽他的演奏，一來他七十一歲了，二來他幾個小時前剛從德國飛過來，還有時差。對他來說，現在的時間是半夜。

他先解釋第一首曲子，是莫札特的奏鳴曲**K.331**，A大調。最後一個樂章是有名的《土耳其進行曲》。

他像個頑童般地拿出一個巧克力鐵盒子說，莫札特那時期的鋼琴音色還沒有發展到現在這樣雄偉。鋼琴在那個時候，可以調不同的音色。

他把鐵盒放在琴弦上，彈起來有叩叩的聲響，像音樂盒子，等一下的《土耳其進行曲》他就是會這樣彈，比較接近那個時期的聲音。大家都把這樂章彈得太快了，進行曲，要能夠配合腳步。

他開始了，用了很多弱音踏板，他曾告訴我說這台一百年的史坦威像一隻怪獸，很大聲。

我同意，在這兒開演奏會，要很小心控制音量，不然很容易彈得太大聲。

他沒有把琴蓋完全打開，再加上弱音踏板，才得到他要的音色，但又有點綁手綁腳的感覺，不能隨興地彈，因為莫札特的東西很「赤裸裸」的，很多十六分音符的樂句，要清楚又要乾脆，要達到像大珠小珠落玉盤，不容易。

最後一樂章，《土耳其進行曲》，他站起來，把鐵盒放好，便開始了。大家聽到叩叩的琴鍵聲音都笑了，因為真的很可愛，很莫札特的感覺。

第二首是印象派拉威爾的《鏡子》組曲。他解釋說，拉威爾的爸爸在他小時候為他做了很多的玩具，這些東西他都一直保留著。這首曲子也是由這些玩具而得到的靈感！像音樂盒、鬧鐘等等。這些曲子的名稱分別是：夜蛾、海鳥、海中孤舟、丑角、山谷的鐘聲。

當他一開始這首組曲，好像為我們開啟了一扇印象派的門，充滿了感官和視覺的印象，讓我們看到夜蛾忽遠忽近地撲向燭火，把我們帶到夏日的海灘上遠眺孤單的小船隨波漂盪。他全部彈完，我們也做了一場印象派之夢。

第三首是貝多芬的《華德思坦鋼琴奏鳴曲》。貝多芬在後期的作品中，似乎對第二樂章失去興趣，第一和第三樂章很壯觀，第二樂章很短，好像只是一個過門。

我有他彈的貝多芬奏鳴曲的CD，非常喜歡。其實很多時候，作曲家已經把音樂寫在樂譜裡了，我們彈的時候並不需要做太多的詮釋，只要照譜上的標示彈，音樂就在裡面了。

他的貝多芬很精準，不失音樂性，踏板用得不多，很雄偉。第三樂章巧妙地轉到C大調，如天籟般地開始了。音樂越來越複雜，左右手交替彈八度的旋律。

在這個時候，老鋼琴家出了一點小錯，他轉了幾次，才接了上去。終於貝多芬要你加速，鋼琴家奮力衝到頂點，輝煌地結束。我們都站起來鼓掌。

會後，在酒會上，我謝謝他，啟發了我很多靈感。鋼琴家不願意接受我的讚美，他說他彈得不好。我說你帶給我們的，遠比你知道的還多。

如果只因為他彈了一些錯音，就不夠好，而不值得我們尊敬嗎？這樣去評判音樂家豈不太苛刻？我們會因為畢卡索八十歲無法畫一張素描，而貶低他的成就嗎？如果音樂藝術的價值是用「完美」來評斷，那人性的特質在哪裡？

完美的定義是什麼？藝術的價值是什麼？老鋼琴家雖然彈得不像CD上那麼「完美」，但他的熱情、精力和他的演奏，深深感動了我及在場的每一位觀眾。

我寫這觀點，也是提醒我自己，一個錯音不會影響音樂。

上個月我去當鋼琴比賽的評審，有的學生彈得很好，但毫無音樂性可言。我看譜，知道他們沒有漏掉任何一個音，但感覺很無趣。有學生彈的曲子不是很難，但卻很有音樂性。

鋼琴大師霍洛維茲的現場演奏會上，在激動的時候，有些很大聲的合弦，會按到別的琴鍵。他彈畢，歡呼的聲音久久不歇，讓人感受到觀眾的興奮及激情。那掌聲及歡呼聲每次聽，每次都很感動。

THIS IS NOT ABOUT PERFECTION, BUT EXPRESSION.

幸好，音樂不是奧運會上的比賽，你一個錯誤的翻身、腳步，在你練習了好多年，幾千、幾萬次的練習下，那短短的幾秒，你的分數就被決定。

每次看奧運會，我都深深慶幸，音樂不是這樣的，人生也不是這樣的。

其實「完美」這兩個字，不是很「完美」。

為了完美，我們不敢犯錯，但沒有錯誤，我們無法達到完美的境界。

我在學生的演奏會節目單上印了一句話，要學生及家長和我一起大聲唸一次才開始演奏會：

Music is not about perfection, but expression.

音樂不是要完美，而是要表達自己。表達自己，才能夠有共鳴，有了共鳴，才能夠啟發靈感。那才是音樂藝術的真諦，我想。

停棺暫借問

我一走進去，我的天——

一副棺材在圖書室的中央，我嚇得手上的東西都掉到地上！

最近要開小朋友的演奏會，忙得焦頭爛額。

晚上上完課，還要打電話和家長聯絡演奏會的時間、地點，以及一些事情。雖然我們身處二十一世紀了，有E-mail可以聯絡，但很多時候，不這樣一一聯絡確定，我不放心。像上次明明和大家說好演奏會的事宜，結果有學生早了一個禮拜跑到會場，等不到人。

「老師，我們以為是上個禮拜六。那天我們跑去mall買了一件新的禮服，回到家後，還先去買了餅乾，要當茶點的。然後匆匆忙忙趕到會場，沒有半個人，我們就回家了，把餅乾也吃了。」學生後來告訴我，我聽了真是啼笑皆非。

所以我一再提醒他們時間、地點。

有的學生和家長故意問我：「還在同一間教堂開喔？你確定不會再發生同樣的事？」我沒好氣地說不會。因為我們想起上次發生的事，都一起搖頭。

是這樣的，上次也是這樣忙得焦頭爛額，把所有的事情都辦好了。我提早一個小時到教堂去，把茶點、節目單都帶去。想早一點去，把會場佈置一下，鋼琴搬到中央的位置。

我把車停好，發現停車場已經有一些車了。我想，學生這麼早就來了？打開大門，先把點心放到圖書室去。一進教堂大門，就是佈道的地方，也是小朋友演奏的地方。在右邊是圖書室，有沙發和一台小鋼琴。這是小朋友演奏會前暖身的地方，也是會後舉行茶點的地方。

我一走進去，我的天——一副棺材在圖書室的中央，我嚇得手上的東西都掉到地上！

一位女士馬上走過來問我，是不是來觀禮的。

我顫抖地說：「不，不，不，我是獅子老師，我們早訂了這個地方開鋼琴演奏會，等一下我們會有近八十個人來。你是誰？」

這位女士板起臉孔說，她是葬儀社的人，下午是史密斯先生的告別式。

我說你一定弄錯了。正在解釋，一個小朋友跑了過來，要進去練琴。

我趕快把他擋住，把圖書室的門關起來說：「請讓我和家長們討論一下這個情形，看看要怎麼做。在這同時，請你把門關起來，我會把學生擋在外面。」

那女士不願意關門，我求她就關一半吧。

我臉色蒼白地走出圖書室，這時已經有一些人到了，大家問我發生了什麼事。我說我需要和家長們開一個緊急會議。我把大概的情況說了一下。

有兩個方案：第一、我們可以移到別的地方開，但是要去哪裡找可以容得下八十人的場地，還要有鋼琴？李先生在附近高中教書，說他可以去問校長，馬上給我回答。

第二、我們可以在原地舉行，和葬儀社的人溝通，看可不可以請他們關門。

此時教堂的人來了，說史密斯先生是教堂的工友，他生前希望在教堂舉行葬禮，而就這麼巧，他是我們開演奏會前一天去世的。

牧師忘了我們要開演奏會，他應該可以把儀式設在另一個場地的，但是，現在說這些也太遲了。

一位家長說話了。他說，他認識史密斯先生的。他生前很喜歡音樂，也很喜歡和小朋友玩，如果我們棄他而去，他在天上也會難過的。

他建議我們留在那裡開演奏會，茶點可以移到地下室。他會和別的家長幫我看小朋友，不讓他們進圖書室。

李先生這時也回來了，他說高中校長願意讓我們用學校的場地。我問大家意見，他們都看著我說：「你是老師，你決定。」

我走開，到一個小教室去想想。要移去高中，時間也不夠。要是有學生慢來，一定會遲到。在這裡開的話，雖然很奇怪，有葬儀社和躺在那兒的史密斯先生，但大家也都到得差不多了……好吧，我們就留在這裡。

我告訴家長我的決定，馬上有三個爸爸願意留守在圖書室前，確定小朋友不會去那裡，然後有媽媽去把茶點的東西搬到地下室去。

Show must go on!準兩點，我站在牧師講道的地方，拿起麥克風，歡迎大家來，開始了演奏會。而後，一切也都順利進行、完成。

所以我現在都要一再確認，再確認。「我是獅子老師，我們這個禮拜天的演奏會，沒有問題吧！」

教堂祕書都覺得奇怪，已經跟我說沒有問題，我還每天打電話確認。但這種「停棺暫借問」的事，要是再讓我遇到一次，我可無法消受啊。

君子報仇

我問伊莉想先彈什麼，她怯怯地指了一本譜。

我拿給她，她彈了起來。

「拍子又錯了，上次妹妹還彈給她聽過。」伊媽媽打岔說。我終於請伊媽媽先讓我們上課，稍後再回來。

「海倫，你絕對猜不到誰打電話給我？伊媽媽！她真要我教伊蓮呢，我終於等到這一天了，六年了！」我掩不住興奮地說。

海倫在電話那頭也吃驚地問：「真的？還真被你料到了。所以呢？你真要照六年前的計畫做嗎？」

「當然，我等了六年，這口氣終於可以出了！」我迫不及待地說。

六年前，伊媽媽打電話給我，要我教她大女兒伊莉鋼琴。

「獅子老師，我大女兒今年六年級，學得馬馬虎虎，希望你不介意教她，她沒有什麼天賦。不像我家老二伊蓮，她才四年級但已彈得一手好琴，伊蓮和城裡的李老師學，今年他們又要去比賽了。你知道伊蓮現在在彈什麼曲子嗎？貝多芬耶。」

「喔，那很好。請再多告訴我姊姊的學琴歷史。」我問。

伊媽媽接下去說：「是的，她和李老師學過一陣子，後來看她興趣缺缺，我就把琴課給停了。最近好像看妹妹學得越來越好，又跟我提要學琴。李老師沒有空，所以我便試試你了。你有空嗎？」

我覺得這樣也不錯，姊妹給不同老師教，競爭會比較小，我開始教姊姊。

姊姊很害羞，話不多，媽媽的話倒是很多。「伊莉彈這首的時候，李老師說她得注意這地方，而這本譜，李老師認為太難，還有上次的比賽……」我聽了聽，謝謝她提供的資訊。

我問伊莉想先彈什麼，她怯怯地指了一本譜。我拿給她，她彈了起來。「拍子又錯了，上次妹妹還彈給她聽過。」伊媽媽打岔說。我終於請伊媽媽先讓我們上課，稍後再回來。

姊姊學得其實很好，我想在妹妹的光環下，她彈得再好，好像也得不到應得的掌聲。

我盡量鼓勵她，告訴她她學得很好。可是，我們很難有進展，因為媽媽常常取消課，理由很多：妹妹鋼琴比賽，妹妹要上台、妹妹老師舉行演奏會……後來我發現姊姊的琴課沒有妹妹的重要，所有的時間都以妹妹為主。

我越上越沮喪，這樣下去，姊姊很難進步；而且，不是她不願意進步，而是沒有機會上課啊。

某天，伊媽媽打電話來說姊姊不學了。

「哎呀，姊姊就是這樣，學什麼都沒有恆心啦。謝謝老師這陣子的時間，我們再聯絡了。」我聽了，感到無語問蒼天。

好友海倫來找我，我告訴她伊莉學琴的事情，還有伊媽媽如何偏心，如何不注重伊莉的琴課，海倫為我打抱不平。

我灰心之餘負氣地說：「有一天要是伊媽媽回頭找我教她的孩子，我會拒絕她的，你等著好了，會有這麼一天的，到時候我會對她說不。」海倫拍拍我的肩安慰我。

六年過去了，這期間我常和李老師在不同場所碰面，也間接知道妹妹伊蓮學琴的狀況，她常得獎，所以要不知道伊蓮也難。

當然，有時也會碰到伊媽媽，她總是重複同樣的台詞，姊姊怎麼不愛彈琴，沒有興趣等等。我為姊姊覺得可惜，但是也無能為力。

六年後伊媽媽真的打電話來要我教伊蓮。我興奮地告訴海倫，也告訴她我要拒絕她。

海倫在電話的那頭沒有說話，我問怎麼了。她停頓了一下說：「獅子，你也知道我們是好朋友，我必須為伊蓮說幾句話。我今年剛好教到伊蓮，她是個好孩子，而且她也知道你，因為我常提到你，她和我說想和你學琴。你想想，你不滿的是媽媽，可是，你真正傷害到的是伊蓮，而伊蓮沒有對你做過什麼啊。」

我聽了，對自己的想法感到很羞愧。

海倫說得真好，我當初幼稚的只想讓伊媽媽嚐嚐不被人重視的感覺，沒有想到孩子。於是我告訴海倫，我會教伊蓮，海倫笑了，說她欠我這麼一次。我也笑了，謝謝她這麼誠懇的忠告。

伊蓮今年已經高三，就要畢業上大學了。伊媽媽說，李老師從以前就一直給他們比賽的曲子，每年就學那些，很少彈別的東西。伊蓮喜歡流行歌等等的，李老師不讓她學。

我馬上打斷她說：「李老師是很好的老師，我很尊敬她。我也聽過伊蓮彈琴，李老師真的教得好。」我不喜歡別人在我面前批評別的鋼琴老師，李老師教了她這麼多年，沒有功勞也有苦勞，而且，伊蓮也贏了很多大獎。好聚好散，不需要一轉身就把昔日捧得高高的老師說得沒有任何優點。

我一直聽伊媽媽說這說那，有些後悔答應了海倫，因為海倫不用和伊媽媽交手。「所以暑假伊蓮告訴我，她不想再和李老師上了，她要和你上課，聽說你都給學生比較簡單的曲子。」我告訴她我會看伊蓮的程度給她曲子。

「她想彈輕鬆一點的，像電影主題曲啦，還是流行歌……」我打斷她說，我上課時會和伊蓮討論。

伊蓮來上課時，我看得出來她有些緊張。她是身經百戰的學生，上鋼琴課應該更是沒有什麼大不了。

我笑笑，要她坐下告訴我彈過什麼，而現在有什麼計畫。

她細聲說了起來，從小學琴，她一直學要比賽的曲子，不是不喜歡，而老師就是這樣幫他們計畫。她喜歡彈琴，只是老師不准許他們學不是「正統」的音樂，就這樣學了十年，她學不下去了。

「不是我不喜歡李老師，我明年上大學後，可能沒有時間學琴了，我很想彈些不一樣的東西。還有……」她有些不好意思地不知如何接下去，「我雖然學了這麼久，但我視譜很差。」我說先不用這麼篤定，我們看看吧。

伊蓮彈了一些曲子給我聽，音樂性、技巧性都不錯。

我稱讚她彈得很好，她臉紅地說謝謝。

我問她想學什麼，她說都可以，她不介意，只是想換個環境和老師。

我看看她的譜，想了一下，或許舒伯特的曲子會滿適合的，她沒有彈過多少他的曲子。我彈給她聽，她眼睛亮了。我要她試試，她有些膽怯。

我告訴她放手彈，反正頂多只是彈錯音，又不是世界末日，更何況我會幫她。

她彈了起來，我才發現她視譜的能力很好，不瞭解她為何說自己視譜能力很差。後來我才知道原來李老師通常會給他們錄音帶，伊蓮就直接聽了學，比較少讀譜，也因為這樣她認為自己視譜能力不夠。

試了一頁後，我告訴她，她視奏得不錯。

「你要對自己有信心，你越覺得自己做不好，就會越做不好的，知道嗎？」她點頭微笑了。

「那我可以再要求一首曲子嗎？」她小心地問，我說當然可以。

「我一直想彈比利喬的《Piano Man》，可以嗎？」

我說我學生高中畢業演奏會整場就是彈比利喬，她高興地帶了這些新曲子下課，正要走時，電話響了，是伊媽媽。

「老師，我忘了告訴你，伊蓮很怕黑，你家巷子好暗，你可以陪她走到她的車子嗎？」我說好。心想，伊蓮也十八歲了，而她的車就停在我家門口，只有幾步路。

伊蓮和我揮手再見，我說等一下，讓我陪你。

她皺了眉頭問：「我媽的主意嗎？」我笑說是的。

她把譜擋在我們中間，要我止步，我們都笑了。

「你真的不怕？」我問。

「拜託，我已經在開車門了。今天上得很開心，下次見了。」

伊媽媽隔天又打電話來，「老師，你下次上課，可以坐在凳子上同伊蓮一起學新的樂譜嗎？以前李老師都是這樣上的，伊蓮習慣那樣的上課方式。」

我說：「伊媽媽，每個老師上課方法都不一樣，我不那樣上課。鋼琴凳子是學生的，他們有需要幫忙時，我會幫忙的，坐不坐在同一張凳子上不會有影響的。」她似乎有些擔心，但我也很堅持。

伊蓮上得很好，而且視譜能力也不錯，我想她只是沒有給自己足夠信心。

高三生事情很多，申請大學、和朋友參加派對，再加上運動項目，伊蓮有時候無法來上課，不過我們也上了快兩個學期，看來她學得很開心，而且《Piano Man》還可以自彈自唱。

很快地她畢業了，她希望我能去參加高中舞會。「我的禮服很美喔，你一定要來。」我答應她。

在高中舞會上，我和海倫有說有笑，學生們個個打扮得像在選美。我再次謝謝海倫的建議，告訴她我也很喜歡伊蓮，真是好孩子。說著說著，伊蓮看到我們，大叫一聲跑過來要和我們照相。

我讚美她的禮服真是美，純白色細肩帶長裙，腰間繫上絲絨的腰帶，非常雅致。她謝謝我，我們開心地照相。

她和學生跳舞去了，此時我看到伊媽媽向我們走來，海倫說：「唉，不好了，她一定又要討論SAT的事情，伊蓮的成績不是很高，她一直打電話問我為什麼。」

我大笑，告訴海倫我要去洗手間，留她在那裡應付伊媽媽。

我溜得很快，海倫來不及罵我，伊媽媽已進攻。我躲在放置蛋糕的桌子旁邊，看得樂極了。

伊蓮看到我，來拉我說：「聽，你們年代的歌——YMCA！來，我們來跳舞。」她拉我進舞池。我向海倫和伊媽媽揮揮手。

君子報仇，三年不晚。原來是這樣，因為三年後你就不會想要報仇了，何況是六年？我隨著音樂打起節拍。

鋼琴世家

我問她，她一定很久沒有彈琴了吧？

她笑了說：「你會很驚訝，我也很驚訝的。喬治亞這麼落後的國家，什麼都沒有，沒有電、沒有電視、電腦，但是每一戶人家，每一戶喔，都有一台鋼琴！」

愛子剛從服務兩年的和平部隊（Peace Corps）退了下來，回到了家鄉來看我。她是我的鋼琴學生，高中畢業後，到芝加哥大學修東亞文化。她在芝加哥的時候，遇上了一件搶案。某晚她從圖書館剛做完研究，寫了一篇很長的報告。冬夜，路上沒有什麼人。

她走著走著，有人走過來，一伸手把她的書包搶了就跑，她根本就忘了有恐懼這回事，只想到她的報告，竟然往後追上搶徒，「等我！還我報告！」搶徒聽她這樣喊，倒也停了下來，把錢拿了，把袋子丟還給她。

她顫抖地撿起袋子，到警察局報案。警察大人，還有一個法官也在那裡，聽了她的案子，都激動地大叫：「絕對，絕對不可以去追壞人，你一個弱女子。」

其實當我們聽她講這個故事，我們也是這樣大叫：「絕對，絕對不要去追壞人。」

她說：「可是我要我的報告啊。」

她芝加哥大學畢業後，決定到和平部隊去服務。他們把她派到喬治亞共和國，這個國家位於蘇俄和土耳其之間，非常的貧窮。

她說她住的地方，電是要配給時間的，一天來兩個小時。她要看書，得利用這兩個小時，或白天。不然就要點蠟燭，但蠟燭也要錢。

她白天大都教英文，和小朋友及村民在一起，沒有自己的時間。水也要自己挑，住的地方沒有自來水，所以不是每天都可以洗澡，吃倒還不錯，她的住宿家庭和鄰居都對她很好。

她這次回來是要募一些錢，給她住的村莊蓋一個網球場。

她回到以前的高中演講，也上了我們這裡的報紙，募了不少錢。她告訴我，這樣村子的小朋友和大人就可以學打網球。

她拿照片給我看，要蓋網球場的地方是一片黃土地，但對他們來說，很奢侈了。

愛子從小就學鋼琴，彈得很好。我問她，她一定很久沒有彈琴了吧？她笑了說：「你會很驚訝，我也很驚訝的。喬治亞這麼落後的國家，什麼都沒有，沒有電、沒有電視、電腦，但是每一戶人家，每一戶喔，都有一台鋼琴！」

她看我驚訝的樣子，接下來解釋說：「是的，他們很窮。但他們曾經也是富有的國家。在這個國家還很富有的時候，每一戶人家都有鋼琴，然後他們就一代傳一代，傳了下來。每天飯後，鋼琴就成了他們的娛樂中心。彈琴、唱歌、跳舞，非常熱鬧，非常知足快樂。當然，這些鋼琴都很破舊，音也都不準，但誰介意呢？」

我聽了好感動。

每一戶人家都有鋼琴，每一天生活裡都有樂聲。這樣的境界有幾個家庭、幾個國家可以達到？

我接著想，有什麼會是現在每一戶人家都有的：或許是汽車、電視，還是電腦？但絕對不會是鋼琴。

要是你可以買一樣東西，給你的家庭、孩子及子子孫孫，那會是什麼呢？這個東西可以一代傳一代，帶給大家歡笑與精神上的慰藉，這會是什麼呢？

小朋友的演奏會就要到了。我都會彈一曲，而且小小演講一番。

我想這會是一個很好的故事，可以和大家分享。喬治亞共和國，不愧是鋼琴世家之國！

青春少年兄

我鼓勵他在學生的音樂會上演奏，邀請家人及朋友來聽他彈琴。

「問艾莉要不要來嘛。」我笑笑說。

他果然一下就臉紅了問：「你怎麼知道艾莉？」

我指指他的手背和背包給他看，到處寫滿了艾莉、艾莉、艾莉，只差沒刺青在他的胸膛上。

一天下午我接到電話，一個小男孩的聲音要找我，他先自我介紹：「我叫大衛，今年十四歲，在找合適的鋼琴老師。我在音樂教室學了一年，最近在彈貝多芬的《給愛麗絲》。請問你是什麼學校畢業的？用什麼教材？有沒有開學生演奏會？喔，還有，你的鐘點費怎麼算？」

我聽了後，笑了出來：「我可以跟你媽媽談談嗎？」

「我媽不在，你跟我說就可以了，我負責自己開支的。」他這一說我倒嚇了一跳，這小鬼聽來倒是一點也不小。

我便把我的履歷大概說了一下，還有音樂會的計畫。

他聽完了說：「謝謝你，我會再和你聯絡。」

掛上電話，心想這可能是第一次被小朋友「語音面試」，不知道我的表現好不好。

過了幾個禮拜，都快忘了這事，大衛又打來給我。「你好，我是大衛。我決定和你學鋼琴，不知道你有沒有空？」我很高興我被「錄取」了。

我們排了時間，他把以前彈過的譜都帶來。到了他上課時間，我在外面等他，只見一個瘦小的男孩正奮力地騎著腳踏車往我家來，我叫住他。

他把腳踏車往草地一擺，手套和安全帽脫下，伸出手來和我握手。「獅子，很高興認識你。」

我也伸出手說：「你好，大衛。嗯……請稱呼我獅子老師。」

他告訴我在音樂教室上大班課，覺得進步有限。我要他彈些學過的東西給我聽，他的手指和手勢都還不錯。

通常上大班課，對初學者來說是個不錯的方法，尤其對年紀小的孩子來說，是打開音樂之門的好方法。但有時怕學生一多，老師沒辦法顧及每一個學生的手形及進展。

大衛彈了《給愛麗絲》給我聽，彈得不錯，不過只彈了一頁。

我告訴他說這是首不容易的曲子，但我們可以先學別的曲子，以後再繼續，因為我們不能只彈第一頁，他也同意。

三十分鐘的課，我給了他一些基本的手指練習，還有音階及小奏鳴曲。

上完課，我送他到外面，他把腳踏車扶好，轉身跟我握手，頗激動地告訴我說：「獅子老師，很高興跟你學琴，我以前的老師沒有這麼認真，有時候出現個十分鐘就不見人影了，我真的很高興。」

我說：「我也很高興你有收穫。對了，大衛，你一共找了多少位老師啊？」

「十多個吧。」

「可以告訴我為何選我嗎？」

「你的收費合理，而且……」他有些不好意思地接下去說：「而且離我家很近。」

大衛是個很不一樣的男孩，從來沒遲繳過學費。若我幫他買課本，他也一定馬上掏出錢包，全數付清。他告訴我他現在和媽媽及繼父住在一起，他則在媽媽工作的養老中心幫忙，所以有一些積蓄。

有時候他上課打瞌睡，我問他是不是參加派對到太晚，他說他照顧的老太太常半夜醒來，要他倒茶或和他聊天，所以他睡不好。

說到賺錢，他精神就來了：「老師，你知道嗎？我這個月就可以存到兩千元了，上大學的學費就有著落，我等不及可以搬出去獨立，上大學，有自己的宿舍。」

和他同年紀的學生，很多對金錢還沒有概念，而他已經在為自己的前途和「錢」途打算，我對他另眼相看。

幾個月下來，他的鋼琴頗有進步，我鼓勵他在學生的音樂會上演奏，邀請家人及朋友來聽他彈琴。

「問艾莉要不要來嘛。」我笑笑說。

他果然一下就臉紅了問：「你怎麼知道艾莉？」

我指指他的手背和背包給他看，到處寫滿了艾莉、艾莉、艾莉，只差沒刺青在他的胸膛上。

他頭低低地說艾莉的爸爸管她很嚴，都約不出來。

我說我會做邀請卡，他就可以名正言順地寄給她了。他興奮地點點頭。

音樂會到了，在藝術中心舉行。學生再加上親朋好友，整個演奏廳坐得滿滿的。每個學生都盡力地表現，讓我很欣慰。

演奏會完畢，大廳有個茶會犒賞學生，會場一片鬧哄哄的，學生們都為了演奏完而開心談笑。

我注意到大衛一個人靜靜地站在階梯旁喝果汁，走過去和他說話：「大衛，你今天的表現很好呢。」他客氣地謝謝我。

我問他媽媽有沒有來聽，他不在乎地搖搖頭，我想艾莉也沒有來吧，我沒有問了。

他望著窗外，我也跟著他望出去，一輛大型房車正開進停車場，大衛跟我道謝，說媽媽來接他了，便匆匆跑走了。

轉眼之間，大衛也是高中生了，言行舉止之間，更有大人樣。他告訴我上了高中，他交了一個女朋友叫珍娜。

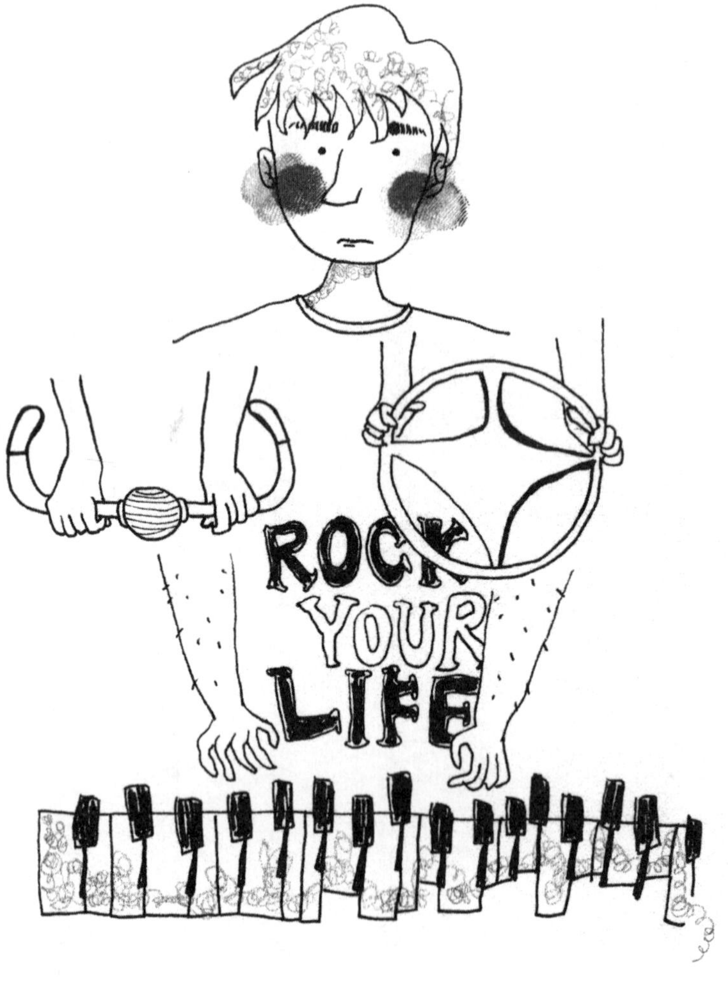
ROCK
YOUR
LIFE

他興奮地亮出她的照片給我看，問我：「老師，你看她是不是有張完美的臉蛋？」我笑了說，是的。

他告訴我珍娜也會彈鋼琴，給了他一份《D大調上的卡農》的譜要他學。我很為他高興，有了小女朋友的鼓勵，我想他會學得更快。

誰知道短短三頁的譜，他無法把它學完，每次上課，就是卡在第一頁彈不下去。

一次上完課，他把夾克忘在琴房，我發現了把它撿起來，追出去要還給大衛，有個東西掉了出來。我一看是一包萬寶路香菸，趕快把它放回他的夾克口袋，裝作沒事的樣子。

他氣急敗壞地跑回來拿夾克，我很鎮靜地遞給他說：「你忘了夾克。」他小心地看著我，我向他揮揮手說下禮拜見。他看了我很久才走，好像在等我說什麼，而我能說什麼呢？

八月底對學生和老師們都是很痛苦的時刻，因為要開學了，我忙著和學生聯絡排課表。基於以往的經驗，會有一些學生因為某些理由而不會繼續，最常見的就是他們參與太多的課外活動，而沒有時間學琴；也有學生上了高中後，學業一下子應付不來，就取消鋼琴課。

大衛一直沒有和我聯絡，我便打到他家，他媽媽接的電話。

「啊，老師，你沒有收到信嗎？」他媽媽問。

「沒有呢，他有寄信給我？」我問。

她嘆了一口氣說：「看來這孩子沒有寫。是這樣的，大衛不學琴了。他這個暑假考上駕照，用自己的積蓄買了一輛車，還自己繳車的保險呢。只是有車後，就很少看到他人了。他說他很喜歡你，也很喜歡鋼琴，可是他沒有時間練琴，沒有時間練琴，上課就浪費了他的錢和你的時間，這樣你瞭解吧。」我說當然。

那天在街上，看到大衛開著他的二手車，旁邊坐著一個女孩，他開得極快，咻地一聲就不見了。

我想他騎著腳踏車來上課不過是去年的事。當然腳踏車能到的地方還是有限，有了車他的天下就不再是這個小山谷，路的盡頭已經看不到他，可是我知道他正急急地奔向未來。

出口和入口

那幾個月，教完琴後，送走學生，換自己坐上凳子練琴。打開琴譜那刻，有時候累得想哭。

你問我，對練琴還會興奮嗎？我怔了一下。當下的反應是：是的，還是會很高興要練琴，畢竟鋼琴是我的生命。但是在說是的同時，有另一個聲音說：但是……而這個「但是」，也是讓我無法就爽快地回答你「是的」原因。

你告訴我，你剛重新發現了鋼琴，重新愛上它。你上班下班只想彈琴，彈到天荒地老。

我瞭解，因為鋼琴是你的出口，它不是你的生活重心，而是你的嗜好。它給你的快樂，是不帶任何負擔的，非常快樂，完全而純粹。

我也有學生，本來是別的主修，後來修了幾堂聲樂課，或鋼琴課，喜歡極了，下個學期就把主修改為音樂。但是他們並沒有想像中的快樂，他們發現現在練琴不再是純娛樂自己了，而是有個分數的負擔存在，有個主修的壓力存在。出口，變為重心，就沒有那種無憂無慮的快樂，那種為自己而彈的快樂。音樂主修要背譜，要彈演奏會，要這個，要那個。後來，我也看他們拿表格來讓我填，要轉回原來的主修。而我也能瞭解。

音樂不是我的出口，而是我的重心。

當學生的時候，可以練一整天的琴。再難的曲子也不怕，因為有那樣的衝勁和熱愛。

彈琴最神奇的地方是時空交錯的感覺。

一首貝多芬的奏鳴曲，你彈的那一刻，你和貝多芬穿過幾個世紀的時空相逢。你的手指和千千萬萬彈過、練過、表演過的鋼琴家，在琴鍵上重疊。你們或許用不同的指法，或許有不同的詮釋，但那一刻，在彈琴的那一刻，你並不孤單。

當了老師後，時間被教學佔據。在教了一天的鋼琴，聽了一天的錯音，坐了那麼多小時的椅子，要再坐在鋼琴前練琴，不是簡單的事。那要好多毅力和精力。但這樣也讓我練了幾場演奏會出來。那幾個月，教完琴後，送走學生，換自己坐上凳子練琴。

打開琴譜那刻，有時候累得想哭。但是也知道不這時候練，會死得很慘。那時練琴，要專心，要背譜。心中常常這樣希望著：讓我回到學生時代，不用教琴，整天可以泡在琴房練琴。

一次在音樂會後和鋼琴家Vladimir Stoupel聊天。他告訴我他下一季要演奏的東西，有獨奏，有室內樂，有和管弦樂團合作的，還有自己指揮。

我聽了問他，他是怎麼做到的。

他說：「你要瞭解，這是我的工作，我的工作就是把這些音樂練好。我每天的工作就是練琴。」是的，他說得沒錯。

我的工作是教琴，我大部分的時間是教學生，我不能太苛求。

但是，不彈琴，套句好友傑瑞的話：「覺得好像死去一樣，或許那樣說太嚴重。沒有彈琴，覺得沒有生命力。」就像《魔女宅急便》，當小魔女無法飛時，她覺得失去了生命力。我也有過那樣的沮喪期，久久沒有碰琴，過了一陣子，就知道得開始了，重新再來。

傑瑞打電話說他最近有兩場演奏會，把他練得手好痠。他問我在練什麼，我說，還不是很確定，但我想彈。

他問我有沒有很想練的曲子，我說有啊。有一首曲子，很喜歡，但一直沒有機會彈，因為那是協奏曲。他問是什麼曲子。

我怯怯地說是貝多芬的《皇帝鋼琴協奏曲》。他說你彈我就為你伴奏。

我大叫，真的？

「真的。」他點頭答應我。

我掛上電話，跑到琴房找出譜。興奮地彈下第一個琶音。是的，我好興奮！我繼續彈下去，琴聲把我帶回讀專科的時光。

那時修鋼琴音樂史，上到貝多芬的《皇帝鋼琴協奏曲》。我買的錄音帶是魯賓思坦彈的。爸爸那時剛買了隨身聽給我。在我等粉紅色的校車時，我把錄音帶放進嶄新的隨身聽，頓時，貝多芬站在指揮台，指揮著管弦樂團，同時也彈著鋼琴。

可以練喜愛的音樂，沒有什麼比這更令人快樂。你瞭解的，不是嗎？因為你彈的那一刻，那音樂變成你的了。你擁有了它，沒有人可以把它帶走。它在你的指間，在你的心中。

所以回答你的問題，我還會對練琴感到興奮嗎？

是的，是的。

無言的結局

我把《哈利波特》第七集遞給她說：「你可以拿去看。」

「真的嗎？」她興奮地問。

我點點頭，她尖叫一聲把我抱住。

學期開始，接到高中教務處的電話。他們有一個從外州轉學來的住宿生要學琴，而他們推薦了我，想看我有沒有時間。

我問學生怎麼來上課，他們說只要我排好時間，學校會接送學生上課。我排了時間後，很快地就接到家長的電話。

「你好，我是席拉的媽媽，席教授。很高興你可以教席拉，她學了七年，現在十五歲，彈得很好。今年暑假還自己學了幾首曲子，彈給我媽媽和姊姊聽，她們都說她很不簡單，可以自己學新的曲子。對了，我媽媽和姊姊都是鋼琴教授。」

這個嚇不倒我的啦，席教授，我心裡想著，但是沒有說出來。

「真的啊，那真是太好了。我也很期待上她的課。」席教授要我寄我的履歷表給她過目。「沒問題。」我說。

她很快回我的信，告訴了我席拉學琴的歷史，其實只要開始上課，我大概就知道學生學琴的情況。

席拉來上課，看得出是個非常聰明的孩子，口齒伶俐。我要她彈首曲子給我聽，她暑假學的那首曲子彈得不錯，我只是覺得學了七年，這樣的程度似乎嫌初級了些。

再看看她別的教材，大都是中等程度的曲子，我也請她彈了幾首，看出了一些優缺點，她看譜比較慢，所以喜歡彈已經會的曲子。而她的教材都不錯，我覺得可以繼續用，不需要買新的，於是我讓她複習了一些舊曲子，但也給了些新的曲目。

上完課，她謝謝我。她要走時，看到我桌上的《哈利波特》第七集，她大叫起來：「Oh, my God!你也是哈利波特迷？我也是！」

我笑了，她也是哈利迷，那就是天下一家親了，我們馬上化解了第一堂課的客氣和生澀，開始討論起哈利波特。她告訴我每年暑假她都去參加夏令營，而每次都在哈利波特出書的時候。

「你無法想像，上次第六集出來，我們營上的學生和老師都要發瘋了，因為我們在山上，很怕郵局把我們忘了。老師和我們都有預購書，出書的那天，沒有人有心情去做任何事情，都在夏令營的入口處等郵件。你猜猜，他們一共送了幾箱書來？七十箱！」

我大笑，可以想像那情景，一定是大家一窩蜂向前搶書。

「結果整個營上至少有兩天沒有活動，哈哈。」她說。

「那你喜歡最後這一本嗎？」我問。

她說：「唉，這次暑假我們到希臘，前一陣子才回來趕開學，所以還沒有讀。」

我把書遞給她說：「你可以拿去看。」

「真的嗎？」她興奮地問。我點點頭，她尖叫一聲把我抱住。

教到哈利迷真開心，學生密妮也是哈利迷。

每次哈利波特出新書，我們一定飆書。當然，我沒有贏過，我的藉口總是：「嘿，英文是我的第二語言，我就不信你讀中文贏得了我。」

密妮從來沒有同情過我，幾次我們都不約而同地在出書那個半夜的書店遇上。而別的學生常複習舊的哈利書，每次看他們又在複習，總覺得好特別。我期待上席拉的課，希望她也喜歡這本書。

下次來上課，她並沒有如預期地練好我指定的作業，它們不是太難。

我心中有了疑問，是她能力不夠，還是她能力夠，卻沒有練習？我又陪她練習，心想，教學裡不可沒有希望和耐心。

問她適應新的學校一切還好吧，她說都不錯，而且功課做完，她還有時間練琴。我想要是有時間練習的話，這樣的進度是稍微慢了點，但沒關係，我們才剛開始。

幾堂課下來，發現一個月要過去了，我們好像還在原地踏步。

她很喜歡彈一首舊曲子，是她上學期在舊學校上台彈的曲子。我想學生演奏會就要到了，問她要不要就彈那首曲子，利用這個演奏會的機會，可以認識一下別的鋼琴學生。而且，她那首舊曲子還有可以改進的地方，她可以藉由這個機會多練習。

席拉很高興地答應，而她父母也為席拉要上台感到興奮。到了演奏會那天，我終於見到了席拉的父母，他們感謝我教導席拉。

席拉表現得有些反常，沒有平常的自信，不過，我覺得整體彈得不錯。

演奏會完，席拉臉色不是很好，而席教授再次謝謝我，說他們很喜歡學生的演奏會。沒有久留，很快地就離開了。

第二天我收到了席教授的E-mail。我一打開，好長一封信，我有不祥的預感。

獅子老師：

你好。很高興昨天可以和你見面，很榮幸。我對你的學生們印象深刻，尤其是小孩子們，都可以彈得那麼好，真不簡單，可見你教導有方。

我也非常感謝你在非常繁忙的課表中排了課給我的女兒。但我覺得這終究是一場失敗的戰爭，你和她都那麼地忙。

昨天她彈得還好，但我和她爸爸非常非常失望，那是她上次上台表演過的曲子。而且自從她和你學了後，她根本沒有學完一首完整的曲子。

我覺得這些課根本沒有達到效果，以你的經驗，我相信你也知道有時候就是沒有用。所以我們已經和別的老師聯絡了，她就不繼續和你學了。

謝謝你的時間。

席教授上

我把信讀了很多次。美國教育教會了我一件事：除了你自己，沒有人會站出來為你說話。你不為自己說話，就對不起自己了，所以我回信給她。

席教授：

謝謝你的來信，我瞭解你的立場，請容許我表達一些意見。席拉是個很聰明的孩子，我很喜歡教她。到目前為止我和她上過四堂課，你用這四堂課就來評斷成果，我覺得不太公平。

我是她的新老師，她是我的新學生，我們需要一段時間適應彼此。她來上課，我以她那個禮拜所練習的成果給她幫助，希望她可以更進步。

我知道上台的曲子是她以前彈過的，我覺得雖然是舊曲子，但她比較不會緊張，而且她可以認識別的鋼琴學生，看看他們都彈些什麼，未嘗不是好事。至於你提到的新曲子，我們有練新的曲子，雖然進步不快，但我們在學習。

學習彈鋼琴需要時間，我們才剛剛要起步。不過，我仍然尊重你的決定。

獅子老師上

不和我學沒有關係，我誠摯希望席拉可以繼續彈下去。學生有權利選擇他們的老師，而我也不是這裡唯一的鋼琴老師。席教授又回我信了。

獅子老師：

謝謝你的回應。我同意你說的，學琴需要時間。我知道你是很盡心的老師，這是無法否認的。我認為你花多少時間在教學上，是可以從學生的成果看出來的。

我媽媽和姊姊都是鋼琴老師，而我自己也學過鋼琴，所以我知道老師和學生之間的關係很重要，而有時候學生和老師之間就是沒有這樣的連結，這種連結是一種藝術，非常難得的藝術，沒有的話，是無法強求的。

我對你只有最高的敬意，謝謝你。

席教授上

我把信讀了幾次後，想了幾種回應，不過，我只花了很短的時間去想，就把信箱關了，去做別的事情。

我瞭解到，我已經為自己說話了，也盡到一個當老師的責任。

我盡我所能教席拉，剩下的功課席拉得自己做，她沒有做，我也無法幫她。席教授認為我沒有和學生溝通連結的能力，我也不需要去說服她。我知道自己問心無愧就好了。

啊，那我的《哈利波特》呢？席拉還沒有還我。

我寫E-mail給席拉，告訴她我瞭解她不和我學的原因，祝她好運。也希望她可以還我書。

她沒有回我的信。我請她同班的學生艾瑪幫我提醒席拉還我書。

艾瑪來上課，把《哈利波特》第七集拿給我，我覺得可惜，沒有機會和席拉討論這書。

艾瑪神祕兮兮地說：「嘿，我有一個祕密告訴你。你知道席拉為何不和你學嗎？」

我嘆了一口氣說：「我們一定要討論這個嗎？」心想席教授的兩封哀的美敦書還不夠嗎？

「席拉告訴我說，她覺得很對不起你，因為她告訴她媽媽你上得很慢，其實是她自己沒有練琴。她現在和別的老師學，她並不喜歡那個老師。」艾瑪說。

我聽了，心中百感交集。一時想起了《無言的結局》這首歌的歌詞：

分手時候說分手，請不要說難忘記
就讓那回憶淡淡的隨風去
也許我會忘記，也許會更想你
也許已沒有也許……

我想，不是也許已沒有也許。我很肯定，是不會有也許了。

好一朵美麗的茉莉花

同一首曲子我已經練了好幾個月，音階不用說了，每天自己抽籤練習，到了七月，我覺得再不快快考完，我就要崩潰了。

我抗議，我不出聲，我拖慢腳步就是不肯走，媽媽輕輕推我一把說：「別這樣，這老師也是我們拜託好久，才肯在這麼短時間裡答應聽你彈琴的。我一個小時後來接你。」媽媽按了門鈴。

過了一會兒，一位護士小姐來開門。我生氣地看著媽媽，媽媽頭也不回地走了。

那是一間日式建築，一間診所，那個時段好像沒有看診。

我隨著護士穿過診所，穿過小庭院，來到了一個房間。她打開門對我說：「高老師等下就進來了。」她指指鋼琴，就關門走了。

門外是台南盛夏的高溫。在這木板的房間裡，反而不覺得熱。我走到鋼琴前，把譜拿出來，觀看四周，這地方好安靜，除了有一搭沒一搭的蟬聲，幾乎無法相信外面是熱鬧的市區。

我喪氣地打開譜，《貝多芬奏鳴曲》第一冊，灰皮Urtext版，翻到第一百四十六頁，Grande Sonate Pathetique, Op. 13。

在左側空白的地方，媽媽清秀的筆跡寫著：「《悲愴奏鳴曲》第一樂章」。

媽媽寫這行字的時候，我其實很興奮。

吳老師選了這曲子當我考專科學校的自選曲。他說我彈得不錯，這首曲子也夠分量，他接著教媽媽怎麼填報考單子。老師一邊唸曲名，媽媽在旁很專心地寫下這行翻譯。

練琴的時候，我常看譜和那行字，好像媽媽在鼓勵我，要我加油。

而現在我看著譜和那行字，負氣地不想再彈了。

我彈了好多好多次，因為要考五專音樂科的鋼琴主修，和吳老師上課外，爸媽求好心切，在別的老師建議下，考試前再找幾個老師聽聽看，希望多一些指點，我會彈得更好，錄取的機會更大。

同一首曲子我已經練了好幾個月，音階不用說了，每天自己抽籤練習，到了七月，我覺得再不快快考完，我就要崩潰了。

每天晚上睡覺，聽到的不是音階上上下下，就是悲愴的和弦，睡都睡不好。

一個老師一個老師的拜訪上課。一個十五歲的孩子能把悲愴彈得多像樣，我不知道。只知道多上了這些課，讓我覺得更焦躁，更沒有信心。

曲子一開始的拍子抓不大穩，而我的八度音有時會不整齊，但一切都需要時間，在那個時間點，我的悲愴就只有十五歲的悲愴。

我彈了些音階暖身，老師進來了。

我還沒開口，高老師卻先向我問好。她走到鋼琴前，把一個東西擺到鋼琴上面，對我笑一笑。

我沒有看到她放了什麼，過了一會兒，我就聞到了茉莉花的香味，清幽淡雅甜美。我聞了聞，覺得放鬆，不再那麼焦慮。

老師把譜拿過去，她問了我一些考試的事，說：「好，那我們來彈吧。」

我便開始了，《悲愴奏鳴曲》是貝多芬二十九歲的作品，那時他已開始有耳鳴的現象，懷疑自己是否有耳聾的徵兆。這首曲子似乎在為著即將面臨的命運發出抗議，他不會輕易屈服。

音樂也和他的心境相輝映，沉重的和弦，如天上濃厚的烏雲密布，躲也躲不掉，一個猶豫，雨點開始落下。貝多芬沒有逃走，他神色自若地走在暴風雨裡，不畏懼挑戰。

我想我也沒什麼好怕的，我可以做的都做了，考試盡力就是，和我比賽的也是十五歲的學生，就這樣了。

我並沒有彈得特別好，或特別不好。彈完，高老師沒有說什麼，我注意到她沒有拿筆在譜上做記號。

她問：「你喜歡茉莉花嗎？」我點點頭。

她說她的院子種了幾株茉莉花，她喜歡撿一些放在小盤子裡，倒些水，花香可以持續上幾天。

有那麼一會兒，我忘了考試，忘了音階，只為音樂而彈。

老師笑笑把譜打開，她說：「我們來看看第一頁的節拍吧，你都彈得不錯，我們把拍子再來研究一下，我想你瞭解後會彈得更好。」我乖乖地聽起講解，分析節拍，老師彈了幾次給我聽，我試了幾次，一時之間還真不好改。

老師也沒有強求。她聽了聽，點點頭說：「就是這樣，我想你準備好了。考試加油，好好考。」

上完課，她陪我走過院子，指茉莉花給我看，我湊過去聞花香。蟬聲開始有些喧囂，我課也上完了，覺得頗輕鬆。

診所有幾個病患在等看病，我想她爸爸是醫生吧，老師領我走到門口，媽媽已等在那兒。老師和媽媽寒暄幾句，便和我們揮手再見。媽媽問上得如何，我說不錯吧，我也不知道。

那個夏天，在一個熱得要命的下午，我正煩惱那天早上高中新生暑期輔導課的數學聽不懂，爸爸打電話回家說我考上五專的音樂科，我高興不用再為數學問題煩惱了。

現在當學生練起貝多芬的《悲愴奏鳴曲》，我總要他們告訴我，聽了曲子後有什麼感覺。

他們會說聽來很壯觀，很雄偉，很黑暗；而當他們問我，我總是說，我聞到茉莉花香。

大家一起來

「其實我滿同情你得教初級鋼琴，我想那會是多無趣的工作啊！」

我心中暗暗吃了一驚，因為我從來不覺得教初級學生無趣，相反的，那更有趣，收穫也更大。

每次開著車，穿山越嶺、九彎十八拐地到達學院，欣賞山谷的風景之餘，我總會不自覺地想起第一次來到這兒的情景。

寒假時，學院的藝術系院長打電話來，問了我幾個問題後，希望我可以親自到學院面談，我說當然沒問題。掛上電話後我看著窗外三吋的積雪，祈禱不會再下雪。

面談的日子到了，我打扮得非常正式，白襯衫黑長褲加上黑色長外套，希望給大家一個好印象。

那段山路在下雪後，成了一條白色緞帶，輪子壓過的雪淺淺地畫上兩道凹痕，我戰戰兢兢慢慢地順著「前人」的軌跡行駛。過了山頭，學院古典的鐘塔如童話故事中的城堡矗立著，我不禁猜想以前的人是否騎馬上學。

到了藝術學院，我等了一下，系館裡空空的不見人影。我搓搓手呵氣取暖，忽地一台卡車停在大門口，下來了一個人。他穿著破舊，留著大鬍子，髒兮兮的牛仔褲，和一身都是油漆的外套。他走向我，和我握手，原來是系主任。

我們走進辦公室，他帶我大概地看了一下系館，告訴我將教的課程，有兩堂大班課和個人課，我點點頭。他問我有沒有教過大班課，我說有。

他清了清喉嚨說，是這樣的，學校的經費有限，所以大班課目前沒有正式的教室。「那以前的老師怎麼教？」我小心地問。

他把眼鏡拿下，在外套上擦了幾下再戴上：「以前的老師就在琴房教。」

我看看走廊上的琴房，電燈泡有一下沒一下的閃著，「在這兒教大班課？」我的口氣透露了主任不喜歡的恐懼。

「以前的老師教得好好的，你也可以。」他說完，我們確認了一下課程表，他送我到車旁。

這可有趣了，在四間只容得下兩個人的小琴房教大班課。我後來弄懂了所謂大班課是八個人為主，心想再多的學生也不可能了。

多年前回台灣時曾在師院教過。台灣的設備很完善，鋼琴的大班課有專門的教室，一班二十人左右，每個人一台鍵盤，附有耳機，老師示範完，學生把鍵盤的聲音轉靜音，戴起耳機就可以練琴了，奇妙的是只有自己和老師聽得到琴聲。

再更早期的師範生，聽說是這樣上琴課的，老師把教材發下，說明琴鍵和手的位置後，學生就自求多福了。他們照班上排定的時間來練琴，練的是很破的風琴。

「那老師怎麼指導你們？」我問讀師範的爸爸媽媽。

爸爸說忘了，媽媽則說老師會交代一下考試的曲子，並沒有個別指導，班上比較會彈的同學就當起小老師來教他們。

媽媽這樣也可以學到《銀波》，真是厲害。

「班上有風琴，但五音不全，還彈不出聲音，而且我常搶不到風琴練呢。」媽媽感慨地說。

開學的第一天，我觀察了地形，心裡有個譜。我的大班課有八人註冊，我們先用有鋼琴的大教室示範曲子，講解曲式和指法，然後要求他們去練琴，兩人將就共用一間琴房，我再一一個別指導。

學生來上課，為這樣克難的安排有些驚訝，但看我從容不迫，他們也接受課就是這樣上。一個月下來，學生還頗上軌道，也開始練習起兩手了。

我走在走廊上，聽琴房傳來的琴聲，知道一音一階都是他們苦練來的，雖然我們沒有一流的設備，但誰說一定要有教室才學得好？

聲樂老師和我的課錯開，辦公室雖然就在隔壁，但不常見到他。那天遇到了，他禮貌性地和我打招呼，說他兒子也學過鋼琴，學了一陣就因為打球沒有再繼續。「其實我滿同情你得教初級鋼琴，我想那會是多無趣的工作啊！」

我心中暗暗吃了一驚，因為我從來不覺得教初級學生無趣，相反的，那更有趣，收穫也更大。

他們從一個音符也不認得，到會兩手一起彈琴，我們期末還要學用踏板。這樣從零開始的過程，比什麼都吸引我，更讓我著迷。

我笑笑地說，一點也不無趣啊，我喜歡我的課。

我想起一部老電影叫《The Competition》，述說年輕鋼琴家參加鋼琴比賽的心路歷程，男主角的年齡快超出比賽規定了，再不參賽，就沒有機會，這次比賽對他而言，有如背水一戰。

有一幕男主角練不下琴，去找他的老同學，同學在音樂教室教大班課。男主角站在教室外，看班上十來個學生死氣沉沉地跟著老師數拍子彈琴，他看到沒有得獎後暗無天日的日子，於是他頓悟，馬上回去練琴。

我當時看了，心想為何要把大班課刻意地表現得如此不堪？學姊珍珍畢業後，在大學為大人開的大班課任教，我們上教授法的課得去觀摩。看阿公、阿嬤們煞有其事地一板一眼讀譜彈琴，為自己而彈，那真是一堂美麗的課。

後來，我也有轉運的時候，主任和學校很天才地把大班課教室升級了。他們把一間四坪的小教室硬塞了四台直立鋼琴。搭啦，就成了大班課教室。

「你看，這樣兩人一台琴，四台琴就可以幫八個學生上課。」主任得意地告訴我。我想到八個人一起彈划船之歌，可能不會一起到彼岸，還會把我拖下水。輸人不輸陣，想我沒有教室時都可以教了，更何況有教室了。

學期開始，新學生們又被排場嚇到。「老師，我們怎麼上課？」學生怯怯地問。

我拉開凳子說：「來，兩人一台琴，幼稚園就教過要分享的啊。」學生們克難當有趣，兩人擠一擠也就成了。

不過這八人的課，也是挑戰。要教會他們並不難，難的是要他們在同學們面前彈琴不會害羞緊張，這個問題倒是花了我更大的時間和精力。

我一再告訴他們，不要害怕，彈錯音，天不會塌下來。我們會在這兒上琴課，就是要學習，要求進步，所以不要緊張。我們從零開始，一起加油。

漸漸地，學生走出心結，划船歌也可以一起齊步划槳到達彼岸。一個學期下來，我們也學了不少，而這樣的上課方式，比以前方便，而學生更進步了。

我想這是因為上課時他們有彈給全班聽的壓力，反而練得更勤。

想不到這小得不能再小的教室，也能創造出佳績。

期末主任來找我談大班課的事，學校又要晉級，要改鋼琴教室。

「我們要把這些牆打掉，然後把鋼琴移到那裡，再接個音響……」主任像在編織美夢般地說。

我聽著聽著，想到媽媽當學生時，捧著琴譜，等在教室外，希望同學趕快練完，可以換她練琴。她等的甚至不是鋼琴，而是破風琴，但又何妨。

主任眼中閃著遠景的光彩，我坐下來，彈起了永恆的《銀波》。

少女的輓歌

這麼多個月，麥卡一個人隱瞞了真相。
她一定很驚慌、害怕、惶恐，不知如何是好。

週末和一些朋友在瑪莉和派的家聚餐，大家都是高中老師。路克在一家天主教高中教英文，和太太姍姍來遲。他們看來很悲傷。派先給他們紅酒，要他們坐下，告訴我們怎麼了。

路克喝了一口紅酒嘆氣說，他們剛從一個葬禮回來，是一個他很喜歡的女學生麥卡的葬禮。

麥卡是學校裡很受歡迎的學生，人很甜美，功課好，很得老師和學生的喜愛。

她從小就是家裡的驕傲，五個兄弟姊妹裡她是最小的，也是最乖的，爸爸媽媽最疼這個小女兒了，她的大家族也很以這個小女孩為榮。家庭聚會的話題通常是圍繞在麥卡長大後要當醫生好，還是當律師好。再加上麥卡有一副好歌喉，星期天的教堂禮拜都是她當主唱。

這學期不知道什麼時候開始，麥卡變瘦了，變得不愛吃東西。她越來越瘦，越來越沒有精神，功課也越來越差。

老師和同學們都問不出所以然，看麥卡這樣，路克叫她去看醫生。她直說她沒事，她很好的。

後來，路克說他也不是很清楚這一切是怎麼被發現的。

麥卡的爸媽總算說服了麥卡去看醫生，醫生訝異地發現麥卡已經懷孕很多個月了！不過胎兒的狀況很不樂觀，而且麥卡已經非常虛弱，雖然她馬上住了院，接受治療，但她的身體終究太弱，發現太遲而不治，她和小嬰兒都不保。

路克和同事們還是看到報紙的葬禮通知，才知道了這件事。

這麼多個月，麥卡一個人隱瞞了真相，她一定很驚慌、害怕、惶恐，不知如何是好。

她是家族的驕傲，怎麼可以讓這麼羞恥的事發生？她有那麼多愛她的親人、朋友，都沒有讓他們知道。

不能告訴爸媽，他們會很生氣；不能告訴牧師，這算是很大的一個原罪；不能告訴老師還有朋友，因為他們一定會去告訴爸媽的。

她能夠想出最好的辦法就是不告訴任何人。沒有人知道的話，就不會有事，而隱瞞大肚子最好的方法，就是不讓肚子變大，那就是不吃了。

懷孕的人最需要營養，麥卡走的卻是另一條路。

小嬰兒不在她的考量裡，她最大的憂慮是被發現，所以每天她繼續穿上校服，去上課，當大家的好小孩。

路克說完，大家都很沉默。

我們想起康寧。康寧這學期畢業了，雖然上學期她因病缺席了一個學期，但這學期她把缺的課都補完，得以結業。

康寧的爸爸是學校的社會學老師，非常保守、嚴謹，對女兒的管教很嚴格。她要看的電視、電影及書籍，康老師都要一一看過，審閱完後才准她看，禮拜天的教堂活動他一定要康寧去參加，門禁是九點半。

康寧是一位很活潑的女孩，雖然門禁森嚴，她也盡量參加派對。十六歲時，康老師很不甘願地買了一輛車給她，康寧玩得更瘋了。

那麼嚴格的家庭，她可以晚一點回去，就晚一點回去。升高三那年暑假過後，康寧沒有來上課，大家正覺得奇怪。老師們收到一封通知，說康寧生病了，得停課一學期，希望老師們可以把功課託給康老師。大家問康老師時他不願多說，只說康寧沒事的，要大家不要擔心。

後來，才知道她懷孕了，康寧把小嬰兒生下來，然後讓人領養。我們不知道這是不是她所希望的，想去看她，都被康老師婉拒。

聖誕節過後，康寧回學校了，她看來一模一樣，好像什麼都沒有發生過，老師們和同學們都很高興看到她。

朋友們要幫她申請大學，她說：「我恨，我恨學校，我恨我爸。我才不要去大學，高中一畢業，我就要走得遠遠的，永遠不回來。」

老師們都試著告訴她：是的，爸爸是對她嚴格了一點，但爸爸是愛她的。她冷笑。

瑪莉說康寧告訴她，她把小嬰兒命名為Rose，因為她最愛玫瑰花了。

康寧問她，領養的家庭會不會用她取的名字，瑪莉安慰她說會的。

學期末，大家開完會在用餐，我剛好也去學校為合唱團伴奏。護士李太太問康老師，康寧大學要去哪讀，康老師說她還沒有確定。

護士說你會不會管她太嚴了？他定眼看著她說，一點也不。他認為就是因為他管得不夠嚴，所以才會出事。如果可以重來，他不會讓她出門一步。

李太太聽了很生氣，站起來就走了。

康老師說：「她是我第一個孩子，第一個！我最疼她了。她卻到處說她恨我，我做錯了什麼？」他說完，開始啜泣了起來。整個餐桌氣氛凝重。

瑪莉坐在康老師身邊，伸手過去拍拍他的手說：「我們知道你當然是愛她的，康寧也知道的。」

有誰可以告訴一個爸爸，他愛孩子的方式讓孩子不能承受？

派從廚房走出來，告訴大家晚餐好了，我們可以上桌了。我們坐定，路克說，我們來禱告好嗎？我們說好。

他闔眼，兩手緊握：「親愛的上帝，請憐憫我們……」

P-I-A-N-O-O-O

我很小聲地問：「那麼可以再彈一次嗎？」

他們異口同聲說：「No！」

想不到出師未捷身先死，更想不到孩子的反應如此強烈。

一直想寫這首曲子，好不容易把譜找了出來。

密妮來上課，她一看到這份譜，倒抽了一口氣。「老師，你不是認真的吧？你想怎樣？」她很害怕地問。

我說：「想寫一篇文章，把它拿出來研究研究而已，幹嘛那麼緊張。」

她拍拍胸口說：「還好還好，研究就好，不要有別的想法，好嗎？」

我看她那麼緊張，有點不服氣地問：「你難道不喜歡這首曲子嗎？」

她馬上說：「喔，我很喜歡啊，就是請你不要『再』彈了。」

我覺得有點受傷。

艾克接下來上課，他一看到這份譜問：「你，你要做什麼？為什麼這譜在這兒？」他比密妮還緊張，聲音還有些顫抖。

我說：「只是想寫一篇文章，把譜拿出來研究……」

他打斷我說：「研究研究可以，請不要有別的想法。」

奇怪，兩個孩子的講法竟然不約而同。

我說：「嘿，這首算是你的曲子耶，想當年……」

他揮揮手說：「過去就過去了，好漢不提當年勇。」他說完，小心地把譜放在別的譜後面，眼不見為淨。

我才要反駁，他說：「你自己說，你這首表演了幾次？」

密妮這時走了進來，她忘了譜，所以折回來拿，看到我們在談論這首曲子，她馬上站在艾克旁邊，為他辯護。

「老師，真的，你簡直是著魔了，我算過了……」密妮給艾克一個眼神，好像在說，交給我，不要害怕，我來處理。我看了覺得好笑。

「你一共彈了五次！在學生演奏會上就兩次了喔，然後我們到醫院及養老院義演還不夠，後來到了學校的才藝表演，你又拉了艾克彈了一次。五次！」

艾克在一旁，點頭如搗蒜，他給密妮一個感謝的眼神。

我很小聲地問：「那麼可以再彈一次嗎？」

他們異口同聲說：「No！」

想不到出師未捷身先死，更想不到孩子的反應如此強烈。

那是三年前吧。一次艾克來上課，他才八年級，他神色緊張地說：「不好了，我完了。老師要我在期末的音樂會上和另外一個學生彈這首曲子，為合唱團伴奏，完了完了。」我要他不要緊張，他把譜拿給我。

我一看，是Irving Berlin的合唱曲《I Love A Piano》。我沒有聽過這首曲子，不過我翻翻，彈了一下，發現可以把它分為三部分，而這些音樂都是有關聯的，只要學了第一個部分，其他的就好學了。

我解釋給艾克聽，「你可以做到的，你看，我們把它分三部分，我們這個禮拜學第一部分。後面的就簡單了，大部分是重複的。所以今天我們好好學開頭，我會幫你，好不好？」艾克聽我這樣說，比較不緊張了。

這伴奏很好玩，一共有兩個部分，艾克是彈高音部的主旋律，另外一個學生是彈低音伴奏，所以成了四手聯彈，而上課時，我就彈低音伴奏。

他的高音部分不好彈，但很有節奏感，很生動，和弦的結構很多屬七和弦，很多升降記號，但一經過我分析，很多部分都是同樣的結構，所以學了一部分，剩下的就會了。

我告訴他，我們可以分三次把它學完，而且，只要他好好練，一個月後學校才開始彩排，時間上還滿充裕的，他才放心了些。

他把譜帶走了，一個禮拜後回來。咦，這小子還真認真，我們上次學的那部分，他都會了，而且和我一合，配得很順。我們就繼續學了下去。

後來，我發現歌詞非常有趣，便開始也唱了起來。

當我還是小孩子時，一聽到樂隊在演奏
我都興奮地跑去看指揮如何揮動指揮棒
我喜歡豎笛，也喜歡伸縮喇叭的聲音
但是今天要是聽到他們在彈奏
我會要他們安靜
只有鋼琴，我可以說是我的樂器
我愛鋼琴，我愛鋼琴
我喜歡聽別人彈鋼琴

無論是鋼琴，還是大鋼琴
都喜歡

我知道怎樣彈史坦威鋼琴
我也喜歡手指在琴鍵上飛舞

我更喜歡玩弄踏版
尤其當**Paderewski**也一起玩的時候
當我被邀請去聽這位長髮的天才鋼琴家演奏
我真是高興

所以，你可以拉你的小提琴
只要給我一台鋼琴
不管是直立的還是大鋼琴

我邊唱邊笑，因為它把我喜愛鋼琴的心情道盡了，而這輕快的音樂，配上遊戲般的節奏，聽了讓全身的細胞都不禁喜悅地跳起舞來！艾克告訴我學校開始彩排。

「老師，和我合的亞列克彈得沒有你好。」我心想，開玩笑，我是老師，怎麼可能彈輸一個學生？

我看他已經沒有那時候驚慌的神情，有的是輕鬆的自信，知道他會彈得很好。

到了首演，我和艾克的媽媽坐在觀眾席上，有些緊張有些興奮。

八年級生出場了，他們站在台上，而舞台中央放了一台大鋼琴。艾克和亞列克出場了，他們穿著男士的燕尾服，很神氣。

老師指揮棒一指，艾克開始唱了起來，和亞列克兩人搶著彈鋼琴，台下都笑了。然後一個間奏，艾克搶到了鋼琴凳子彈了起來。

他非常有大將之風，很有自信地彈著主旋律，還帶著一個完美的微笑。

我想起當初我們學這首曲子的第一個音符，到現在他神色自若的演奏，好像看一個孩子從會爬到會跑，我得意中帶些感動。

台上的合唱團載歌載舞，把這首可愛的曲子表現得非常生動。

我看大家都帶著微笑聆聽，隨著音樂打拍子，音樂的魅力真大。演奏完畢，大家為之瘋狂。艾克和亞列克紳士般地接受喝采，我更是以他為榮！

我後來邀他一起演奏這首曲子，艾克的姊姊學聲樂，便當我們的歌手。

上台一次不夠，我還排了幾場演奏會。豈知我著魔似地一排排了五場，難怪孩子們要緊張了，而我才知道他們多容忍我。我不禁笑了。

是的，我想他們是對的，我真的太喜歡這首曲子了，只是不知道我這麼喜歡，喜歡到孩子都抗議了。

「我只不過覺得這音樂很讓人快樂，我很久沒有彈了，你給我的錄音也找不到……」我喃喃自語。

密妮和艾克使了一個眼色。

艾克拿了譜坐了下來，密妮拿了紙捲成麥克風，她清清喉嚨說：「快，我們要演出了。為了你，老師，就此一場！第二鋼琴就位！」

艾克把手擺好了，對我點點頭。

我大笑，坐上鋼琴，大家互看了一眼，我們開始了。

I love a piano, I love a piano—Give me a P-I-A-N-O-O-O—

（註：**Paderewski**是浪漫時期有名的鋼琴家，這裡是取和踏板**Pedal**同音。）

天下父母心

不管如何，孩子們要繼續學鋼琴，還是停掉，你要答應我對自己不要有壓力，不要認為孩子不學了是你的錯。

相反的，你做得很好，你認為音樂教育夠重要，也提供這個機會給他們，光是這點，你就很棒了。

親愛的酷媽：

收到你的來信真開心，我非常喜歡看你們回鄉下的照片，看你兒子酷哥帶著弟弟和爺爺在黃金稻田裡一起耕作。當然，兄弟倆不會耕作，好玩而已，但看那一大片的金黃稻穗及一望無際的天空，真是台北所沒有的景致，我替別的小孩暗暗地羨慕酷哥和酷弟，因為他們有這樣一個故鄉，媽媽的故鄉，可以回去看看。

我想起兄弟倆剛開始學琴時，你常常來信，和我分享他們的成長過程，我總是讀得津津有味。

我想是因為我們的背景有些重疊，你和我爸媽都是小學老師，看你在帶兄弟們練琴，我常想到媽媽也是這樣帶我。

還記得你們剛買琴時的喜悅，知道你和酷爸兩人怎樣控制預算地買了新琴給兄弟們。你曾問我，要買新琴還是舊琴，其實我買琴並不特定要新琴，琴一定要先彈過才知好壞，牌子也不太重要。

你們在兩台琴之間選擇，最後買了山葉的新琴。我記得兄弟們倚著新琴咧嘴而笑的照片，看著看著我也笑了，因為那喜悅我也記得，我也擁有過。

我剛開始學琴，家裡沒有錢買琴，媽媽就騎摩托車載我去老師家練琴，每天的往返沒有怨言。等他們存了足夠的錢，第三年我終於有琴了，而我也不能免俗地和鋼琴合照，你真該看看我得意的樣子！

我再讀你的信，知道你的困境。

你說酷哥和酷弟在過了一個暑假後，開始對鋼琴表現得興趣缺缺，不論你再怎麼勸導，好言好語，他們都聽不下，甚至告訴你不想再學琴了。

記得你曾經問我需不需要參加甄試和檢定，我認為有這些活動給小朋友參加很好，他們可以有一個努力的目標，但若不參加，我覺得也沒有太大的關係，其實我自己小時候也沒有彈過甄試或檢定。

我一直很喜歡你的個性，從我們是學生時起，你總是輕聲細語，溫柔又體貼。雖然我知道當了媽媽後，因為孩子的教養問題及雜事會多多少少改變你，但每當你告訴我兩兄弟的想法時，我聽得出在你的關心裡，有愛有耐心。

你想給他們一個沒有壓力的童年，雖然你也承認讓他們學琴是圓你自己的夢，但你不曾強迫他們。

只是現在你看著鋼琴，因為他們對鋼琴不再感興趣而被冷落，你想到你們投下了那麼大的一筆錢買鋼琴，在學費和時間都付出了那麼多，你覺得很可惜。而同事們根據他們的經驗，告訴你讓孩子學琴，只會破壞親子關係，更勸你不要再讓孩子學下去了，因為勞民又傷財。

我很吃驚他們會這樣說，我也在想，為何這樣一件理應是求之不得的事，對孩子來說，是這樣的不堪，我聽過有小朋友用「憎恨」這兩個字來形容對學鋼琴的感覺，我好心驚。

這樣說好了，先來談鋼琴一事，鋼琴可以轉手，兄弟們真的不想學了，好，至少我們可以賣掉鋼琴，這樣經濟上不會是個太大的負擔，也不會出現家裡有琴，但沒人彈的遺憾。再來，小兄弟們要不要繼續學？To be or not to be？這個多年的老問題，以我教了幾十年琴的經驗，我是這樣想的：

第一：不管如何，他們要繼續學，還是停掉，你要答應我對自己不要有壓力，不要認為孩子不學了是你的錯。相反的，你做得很好，你認為音樂教育夠重要，也提供這個機會給他們，光是這點，你就很棒了。

第二：孩子們學了很多年，他們也盡力了，以後就看他們的意願了。

你會問我，那學了這麼多年鋼琴，停下來豈不可惜？且聽聽孩子怎麼說，如果他們真不想學了，我們可以先停一陣子看看，讓他們休息，或許他們會在這段沒有鋼琴的日子裡，找到鋼琴對他們的意義，或許他們覺得無所謂，但至少這是他們的決定。後不後悔，就是他們的事了，因為他們曾經選擇過。

我知道這是件很難的事，但想想，你說的也對，因為練琴而壞了親情，好像也不需要。所以，我想我們就陪他們一段，可以彈多久就是多久，因為這些課不會白上的，即使他們不學了，相信我，這些課和音樂也會一直陪著他們，如你的愛。加油！

找一天我們也回鄉下去看看你老家的農田，讓我重溫當草地囝仔的快樂。

祝好。

獅子老師

瘀青

大拇指下的手掌呈現青紫色，壓了壓，非常痛。

我很擔心不能彈琴，回家後馬上練琴，幸好手指都還可以動，只是彈不久。

我看看手，把手掌翻向上，是光線嗎？手掌上的烏青色是瘀青嗎？

布簾外通到舞台上，管弦樂團團員一一就緒，大家開始此起彼落地又吹又拉，暖身起來。

這樣的樂器聲，每每我聽到總覺得溫馨，一場音樂會要開始了。而這次我是音樂會的獨奏者，和管弦樂團合奏鋼琴協奏曲。

指揮走過來問我還好嗎，我說可以的。

他接著問：「你在看什麼？手怎麼了？」

我搓一搓手說：「後台好冷。」

他笑笑說：「這會是很棒的一場音樂會。」他拍拍我的肩膀，就走去研究總譜了。我偷偷把手再一次打開，這是瘀青嗎？

「你自己說，考這麼低的分數，要被打幾下？」

我低下頭，小聲地說：「不知道。」

數學老師說：「不多打幾下，你不會記得這教訓，下次才會考好。來，手伸出來。」我怯怯地把手伸出來，老師的籐條伸到手下，把我的手調好高度。

咻咻咻，老師打了好多下，已經數不清了。

「你現在會恨我，以後就會感謝我了。下一個。」

「謝謝老師。」走回座位，看著數學考卷，心想，我就願意考這麼低的分數嗎？打了下次就會考更好嗎？

手掌一片通紅，摸了一下手，沒有感覺，但很麻，希望不會痛很久。

接下來老師要學生照分數排座位，大家都很驚訝，但沒有人敢反抗。書包整理好，趕快看自己的排名去找位置。我心好急，希望自己不是排到最後一個，看到中間的位置，我鬆了一口氣。心想，要是照彈鋼琴的優劣來排座位，那我一定可以坐第一個位置。我做起白日夢，高中聯考在即，沒有時間做夢啊，訂正考卷才是要緊。

果然第二天手就腫起來，瘀青了。

大拇指下的手掌呈現青紫色，壓了壓，非常痛。

我很擔心不能彈琴，回家後馬上練琴，幸好手指都還可以動，只是彈不久。

看著手上的瘀青，覺得萬分委屈，我彈鋼琴的手……每天看著瘀青的顏色，從淺紫到深紫，到近黑色，然後慢慢地，色澤越來越淡，終於恢復原來的肉色。

從此我養成了看手掌的習慣，尤其是要上台前。

國中後，參加高中聯考，考得不錯，上了第二志願，而更高興的是我也考上了五專音樂科的鋼琴組。

那年暑假，大家考完聯考一起聚餐，很多同學考上了第一志願，導師也來了。我試著和老師聊天，發現老師只和考上第一志願的同學聊天，而我像空氣。

突然領悟到，原來，沒有讀高中，在老師心中就不是好學生，而我也瞭解到，我是五專生，雖然和大家不一樣，但再也不會為了數學不好而被打，覺得很慶幸。

想起老師曾經當我的面說，不瞭解我為何要去讀「那種」學校，也無所謂了。那天下午我把清湯掛麵的學生頭剪了，心想國中老師會認為這是「壞學生」的做法，就覺得很樂。

直到那次去聽音樂會，那是交響樂團的演出，正是上樂曲分析的貝多芬《命運交響曲》，我很期待這場音樂會。

下課後直接前往音樂廳，到了觀眾席，我心就一沉，座位在一中和省女中學生的中間，看到他們的制服，再看看自己的制服，一時之間有些自卑，差點轉頭就走了。

這時聽到台上的管弦樂團團員在調音，聽到這零亂的樂聲，全身竟放鬆不少。我回頭，往那個位置走了過去，坐在這些第一學府學生的中間，聽到他們在聊考試、補習，想著上次補習好像是很久以前的事情了。

音樂會開始，貝多芬悲悽的主題一下就扣人心弦，我聽得入神，還不忘分析起奏鳴曲式，非常樂在其中。

第一樂章雄偉結束，旁邊的高中生竟然拍起手來，我不動聲色，因為這首交響曲還沒表演完啊，還有三個樂章，現在才演奏到第一個樂章。

翻翻節目單，行板的慢板，後來，旁邊的高中生就不敢輕易拍手了。

全部樂章演奏完畢，我拍起手，高中生也跟著拍了起來。

那天晚上走出音樂廳，我走得特別挺。瞭解在他們中間，我離那個舞台最近，和他們一起等公車時，我不再為自己的制服感到不好意思。

指揮來叫我，我們一起走出布簾。指揮向我示意，觀眾鼓掌，我欠身敬禮，坐上鋼琴凳子。我看看指揮點點頭，就開始彈了。

在音樂中，千頭萬緒都有了答案。手指帶領我走向另外一個世界，和鋼琴合為一體。

我奮力彈出最後一個和弦，指揮激動地揮舞指揮棒，協奏曲輝煌結束。

我站起來向聽眾敬禮，和指揮又一起敬禮。抬起頭，在觀眾席上看到了十五歲國中生的我，也看到了十六歲五專生的我，還有那群聽音樂會的高中生也來了，都高興地鼓掌。

我欠欠身，再敬禮，很快地偷瞄了一下手，沒有，沒有，沒有瘀青了。

鏡子鏡子，我美嗎？

她問我會去為她加油嗎？我說我一定會到。

她接著問我一些問題。

其實這些最後的問題，也是我最關心的。從這些問題裡，我可以判斷孩子們是不是準備好了，也可以知道怎麼幫他們做得更好。

艾栩和我學琴時，她才四年級，小小的她戴副眼鏡，很文靜的孩子。她不大說話，都是媽媽在說。「演奏會我要艾栩彈這首曲子……」「比賽時我要艾栩彈那個……」我不介意家長的意見，只要我覺得孩子可以彈得來，通常我都會配合。

只是有時候演奏會完，媽媽會告訴我她覺得她孩子的曲子不夠精采。那時我也會抓狂地說：「我覺得艾栩彈得很好！」沒有說出口的是：「要彈那曲子也是你的意見！」不過，當老師這麼久，我學會把話往肚子裡吞的本事。

艾栩一天天長大，越來越漂亮。其實我覺得每個孩子都很漂亮，只是我常聽到學生們稱讚艾栩的外貌。後來她來上課，我再看她，是的，她是很漂亮，但或許我是老師——他們的鋼琴媽咪，覺得大家都長得很好看。

艾栩上了高中後，一次暑假參加了本州的青少女選美比賽。她興高采烈地拿報名的海報給我看，我覺得她自然最好看，這些照片上都太濃妝了，根本看不出是她。

我說很漂亮啊，她很高興。我問她參加選美要準備什麼，她說報名費美金六百元！我聽了差點從椅子上摔下來。她們通常得自己去找贊助商，最常找的是自己的父母。

「我們得準備晚禮服和泳裝，最後有訪問。」

我問：「他們怎麼選第一名？」

她說：「看人格（personality）啊。」我心想要是看人格的話，你幹嘛要穿泳裝？不過，我沒有說。我祝她好運。

我想這對她一定很重要，因為十幾歲的孩子願意花那些錢和時間去參加這比賽，她一定有她的理由。

她這麼漂亮，我覺得不需要裁判告訴她才算數。但每個孩子都不一樣，或許從這比賽，她會得到一些肯定與讚美。我希望她得獎。

後來她告訴我她沒有得獎，但她在選美時認識了很多好朋友。

我看她沒有落寞的神情，很高興她比賽得很開心，有沒有得獎不重要。

她接著告訴我，她想了很久，想把鋼琴停下來。這時她媽媽也在，媽媽已經在擦眼淚了。

「我一直叫她不要停鋼琴，她就要。」艾栩沒有讓媽媽說完，告訴我她很喜歡我，也很喜歡鋼琴。只是現在她上了高中，想嘗試很多事，像網球、戲劇等等。她想把時間花在這些活動上。

我告訴她我完全瞭解，而且她也花了很多年在鋼琴上。我告訴她們說，這樣也很好，讓艾栩休息一下，而且，說不定她會再回來啊。

my
ORIGINALITY

我說完，艾栩點頭，表示她同意，或許有一天她會再回來。

媽媽帶些幽怨地看著她，我說：「不要這樣嘛，你看你給了艾栩這個機會學鋼琴，而且她也學得很好。現在她想去做些別的事，我們要支持她。而且，她並不是就永遠和鋼琴說再見了！不來上課，她還是可以自己彈琴啊。」艾媽媽才比較釋懷。

艾栩給了我一張她參加選美時的海報照片當紀念，在後面她寫：

「親愛的獅子老師：

謝謝你這些年來的關心，我學到很多，而且不只是鋼琴方面。我會繼續彈琴，因為它帶給我快樂。謝謝你。艾栩上。」

這張海報我貼在琴房裡，當我沮喪或失意，我喜歡讀讀它，讓它給我一些鼓勵。老師其實也需要鼓勵的，就像大樹也需要澆水。

一個學期過去了，暑假來到又過去了，開學了，接到艾栩的電話。她說沒有鋼琴的日子，很想念鋼琴，才知道鋼琴對她有多重要。

「所以，老師，我想再重新開始，可以嗎？」我非常高興地歡迎她回來！

她一來上課，抱住我，告訴我她有多想我。

「其實老師，我來上課，還有另外一個原因。我明年想去參加高中生皇后的選美比賽，這個比賽有才藝競賽，我希望你能幫我。」我說當然很樂意了。

她告訴我這個比賽不一樣。「我們必須準備才藝表演，不像別的選美，而且得獎的有獎學金呢。所以，我想彈鋼琴參加比賽！」我很為她高興。

我們便選了幾首有名的曲子，編成組曲，有Vanessa Carlton的《A Thousand Miles》、《在彩虹的那一端》（Somewhere over the Rainbow），和蓋希文的《I Got Rhythm》。剛好這些曲子都是C大調，合在一起，聽來還滿有趣的。

她學得很用心，也練得很好。不多久這些曲子成了她的招牌歌，在學生演奏會上造成轟動，預賽她也表現不錯，順利地進入了決賽。

上個禮拜她來上課，再幾天就是決賽了，她信心滿滿。我們複習了很多次她的曲子，我說一切都沒問題，她可以的。

她問我會去為她加油嗎？我說我一定會到。她接著問我一些問題。其實這些最後的問題，也是我最關心的。從這些問題裡，我可以判斷孩子們是不是準備好了，也可以知道怎麼幫他們做得更好。

「你覺得我的頭髮要綁上去，還是要垂下來？」她問。

我說：「你通常都沒有綁上去，這樣彈你也很自然，所以都可以。」她說好，給我一個很燦爛的微笑。

從這個微笑我知道她會成功的，不只在這個選美的比賽，而是不管她以後要做什麼。因為，以這樣的自信和努力，我想，她是最美的，不管選美的裁判怎麼說。

相思林裡的莫札特

他看看我們，眼神犀利地問：「音樂是不是你最重要的東西？沒有音樂你活得下去嗎？」

二月的夜晚，窗外的風雪交加，好不容易教完一天的課，總算有些時間練練琴。

我坐到地上，手指劃過一本本的譜，停在莫札特的K.467，C大調鋼琴協奏曲。

打開譜，上面滿滿的記號，有黃老師的，有佳佳的，更有我的筆跡。

我笑了，馬上坐在鋼琴前彈了起來，不過這次我彈起了第一鋼琴。

所謂鋼琴協奏曲，鋼琴為獨奏樂器，和管弦樂團時而合奏，時而鬥爭般搶當主角、時而遊戲般地你追我跑的玩耍，非常有趣。

莫札特的音樂就是如此神奇，好像宇宙天地之初，它就存在了，而莫札特把它們寫在樂譜上。每一個主題、副主題出現，都讓人驚豔，好像轉了一個彎，就看到了不同的風景，一點也不唐突，反而更吸引你繼續下去。彈著彈著，手指似在莫札特的催眠下，一路飛奔，止不住微笑。

恍惚中，我看到了專校綠蔥蔥的相思林，聽到了林間不斷的蟬鳴和T老師問佳佳和我的問題：「音樂是不是你最重要的東西？沒有音樂你活得下去嗎？」

專四生那年，學校舉辦了第一屆的鋼琴協奏曲比賽，不知道為什麼我沒有報名參加。

現在想想，知道為什麼了：我認為自己不夠好，便輕易地放棄了這個機會。但當佳佳找上我，她要參加比賽，希望我能夠當她的伴奏，我馬上就答應了。

佳佳是我們班上鋼琴彈得最好的一位，我們又一同和黃老師學琴，要合奏要上課都很方便。我便開始練起了第二鋼琴，不只得熟悉第一鋼琴的部分，更要勤讀管弦樂總譜，知道哪一部分是由什麼樂器彈奏的。佳佳當然更是認真，早就已經準備好了。

專四，現在想來，真是好日子，課已經沒有那麼多，共同科目也修得差不多，大部分是主修課程，上來更得心應手。

音樂科大樓，在相思林園裡，一走進去，就可以看到兩行字：「藝術是一條美麗、漫長而艱辛的道路。」每次看了，覺得就是這樣，一個人在琴房練琴，從來不覺得辛苦。

那陣子在琴房，到處可以聽到要參賽的同學在練莫札特，終於音樂史老師說話了：「莫札特的音樂不能彈得太浪漫啊，同學，有些東西，就照樂譜彈，音樂已經就這麼簡單地在樂譜裡了，不需要多做任何變化。」老師笑笑說。我想她也不願意說得太明白，因為每個老師詮釋音樂多少主觀，於是她輕輕帶過。

那年學校聘用了才剛從奧地利學成歸國的管弦樂團指揮T老師。平常害羞的佳佳告訴我她想請T老師聽她彈，給我們一些意見，老師竟然答應了，到我們的琴房來要我們彈給他聽。

佳佳向我點頭，我便開始了導奏，佳佳不疾不徐地開始了主奏，成了協奏曲。她一向台風很穩，像棵不倒的大樹，我非常佩服她。

彈完後，我們緊張地看老師，他翻翻譜，沒有說話。

過了好一會兒，他看看我們，眼神犀利地問：「音樂是不是你最重要的東西？沒有音樂你活得下去嗎？」

什麼？沒有音樂我活得下去嗎？什麼是對我最重要的？我小腦袋開始運轉想答案。

在這時，一向不多話、靦腆的佳佳，毫不猶豫地回答說：「是的，音樂是我生命中最重要的東西。」我看著她，發現我原來不是那麼瞭解她，原來她這麼熱愛音樂。

老師聽了她的回答後很滿意地點點頭說：「很好，那我們從第一樂章開始吧。」他給了我們很多很好的意見，我看得出佳佳上得很有心得，很為她高興。

那天上完課，我們又餓又渴，便叫了紅茶外帶。走到校門口，因為天氣熱，便把外套脫了下來，又把領帶鬆開。

兩人正口沫橫飛討論T老師上的東西時，忽聽到：「這兩位同學過來。」一看，是教官，我們忐忑地走向前。「你們在這兒做什麼？沒課嗎？」

「嗯，報告教官，我們……」正掰不出什麼藉口時，我看到校門口有郵筒，「報告教官，我們來寄信。」嘿嘿，聰明，我心裡自讚一下。

「信呢？」教官問。「寄啦。」哇，佩服自己的應變能力。

說時遲那時快，「小姐，你們的紅茶，兩杯是不是？」紅茶店的老闆騎著摩托車在校門口大聲吆喝，我和佳佳都不敢走過去認領我們的紅茶。

教官清清喉嚨說：「是你們的紅茶就去拿吧。」我快步走過去拿紅茶，老闆也看到教官了，關心地問我：「甘無代誌？」

「不知。」我拿了紅茶趕快走了。

教官說：「天氣熱你們愛喝涼的我可以瞭解，不過你們衣冠不整，來，學號給我。」和佳佳走回教室，我們想，這杯莫札特紅茶的代價還真不小！

那次比賽，佳佳打敗了所有專四和專五學生拿到了協奏曲比賽冠軍。每次重聽這首曲子，我就會想到學校綠意滿滿的相思林，和T老師的問題：「音樂是不是你最重要的東西？沒有音樂你活得下去嗎？」

這麼多年來，偶爾想到，我會再問自己一次這個問題。我真的無法像佳佳那麼堅決大聲地說：「是的，生命裡音樂最重要。」

後來，有天我看到一個介紹藝術家Christo的近期作品Gates的節目。他和太太Jeanne-Claude為了這個Gates在紐約的展出計畫，奮鬥了二十五年，終於得以在紐約市成功展出。

Gates的展覽在二月最蕭條的寒冬季節裡，為中央公園的步道上帶來了色彩及人氣，他們訪問了很多人對這個藝術作品的感想。

一個受訪者這麼說：「Food feeds the body, and art feeds the soul.」那刻，我瞭解到了那就是我的答案：Music feeds my soul. 就是這樣。

不知不覺中，我把整首曲子彈完，也到回憶裡走了一趟。原來，這首曲子烙印著南台灣的夏日印象和青春日記，還有紅茶香。

感動

她清清喉嚨說，這位好朋友前些日子打了一場辛苦的戰，而這首曲子就像她朋友，優雅又勇敢。

她說不下去了，急急把譜翻好，開始彈了起來。

禮拜一早上，雖然過了週末，一週要重新開始，她總是滿期待的，因為在學院的第一堂課是鋼琴大班課，給沒有修過鋼琴的學生上的。

她喜歡這堂課，從零開始，這樣上課的成果更是豐盛。她想學生們也很努力地練了兩個月的鋼琴，從完全不會彈，到今天可以兩手彈簡單的《快樂頌》。而且他們樂理也學得不錯，會分辨和弦、表情記號及節拍。

她想可以讓大家放鬆一下，聽聽他們喜歡什麼音樂，還是喜歡什麼藝術。

所以上禮拜她派給大家一個功課，要大家帶感動他們的東西來和班上分享，可以是一首歌、一首詩、一部電影，或是一幅畫。

「一定要真的感動你的東西。你們都記得的話，我也會和你們分享感動我的東西喔。」她這樣告訴學生。

雖然是大班課，但其實也不過四個學生。到教室時，學生都到了。她問他們記不記得這個功課，很高興看到大家都點頭，還把東西一一拿出來。

布瑞先開始，他說這片CD他非常喜歡，只要他覺得沮喪時，他就聽這張CD。

「是貝多芬的《命運交響曲》，不過……」他調皮地說：「你們聽就知道了。」

她接過CD，放進音響，頓時貝多芬雄偉的《命運交響曲》響徹這小小的教室。那和命運挑戰的主題敲入人心，進入樂章後，突然搖滾電吉他從天而降，把其他樂器的光彩搶盡了！大家都笑了。

這個由Steve Vai吉他手改編的古典音樂真是有趣。

其實最棒的還是貝多芬，他兩百年前寫的曲子，現在由電吉他彈，卻也沒有突兀的感覺。他的音樂可以古典，也可以搖滾。

好音樂，是橫亙時空的。她謝謝布瑞的分享。

下個學生艾莉告訴大家，她是吉他手，而她帶來了她的作曲簿子。簿子是粉紅色的封面。艾莉打開，只見滿滿的字和圖畫及和弦記號。她看了笑了，她知道這些都已經是音樂了，雖然他們聽不到任何樂聲，但她卻覺得那音符從簿子裡跳了出來。

艾莉沒有帶吉他來，所以她請艾莉唸了一段歌詞給大家聽。

艾莉有些不好意思地翻了翻簿子，說這是她最近在寫的曲子。

她小聲唸了起來：

我是這麼被悲劇的你吸引
眼淚滿溢你的眼睛
你把我逼到牆角
我的心跳加快

我們墜落
但是你並不是我的英雄
並不是的

她讀完，大家拍手。

她問艾莉這是不是悲傷的歌。艾莉說不是，雖然歌詞是有些灰暗，「但其實它是首重搖滾的歌！」艾莉眼睛發亮地說。

下一個是麥姬，她帶來了一部老電影《Singing in the Rain》。麥姬說她帶這部電影來和大家分享是因為她媽媽懷她的時候，常看這部電影。

「所以這部電影對我意義非凡。」大家點頭贊成。

她想起媽媽曾經告訴過她，她在懷妹妹時，常聽披頭四的《Hey, Jude》，後來那就成了妹妹的招牌歌，她想著笑了起來。

下一個學生，亞曼達有些靦腆地說：「我今天帶的東西有些特別，請你們不要笑我。」她從背包拿出一個豔黃色的海綿寶寶填充動物。

大家都很尊重她的要求，沒有人發出笑聲。

她把它抱在胸前說：「兩年前我車禍受傷住院，我男朋友送了我這個填充動物，它在醫院陪了我好多個禮拜，所以，這是最感動我的東西！」她說完，大家都拍手。

「好可愛耶，我也要去買一個。」艾莉說。

她看著那個黃色的海綿寶寶，思緒一下飄到很遠。

妹妹住院那個夏天，她去看她的時候，也買了個填充動物給她，一隻無尾熊，抱在胸前很舒服。雖然妹妹已經不是小女孩，但對她來說，妹妹永遠是小女孩。

她記得把它拿給臥床的妹妹時，妹妹笑了，接了過去抱個滿懷。「熊熊。」妹妹說。

病房裡的大窗戶排了一排填充動物衛兵。妹妹說，它們不是衛兵，而是她的守

FOOD FEEDS THE BODY,
AND ART FEEDS MY SOUL.

護天使們。

妹妹一一為她介紹這些陪伴她的天使們：「這個是麥可去休士頓開會，買給我的天空熊、這個是婆婆買給我的甜心熊，而這個……」

妹妹拿起一隻貓頭鷹，「你一定猜不到是誰買給我的。」

她接過來，按了貓頭鷹的肚子，肚子竟然發亮了！

妹妹笑了說：「這是爸爸媽媽買給我的。一次我們走過林肯中心附近一家禮品店，我看到了它，覺得好可愛，停下來看了好久。後來，爸爸媽媽要回台灣時，就買給我了。」

她抱住妹妹，妹妹抱住貓頭鷹。她知道填充動物的重要啊！

布瑞問了：「老師，那你呢？什麼讓你感動？」她回過神，看到大家期待的眼光。

她在鋼琴前坐了下來，她說：「真是謝謝你們分享這些美好的事物，我知道它們對你們很重要，而你們更是大方地和我分享，我非常謝謝你們。」

她從鋼琴上拿出一本譜說：「今天我要彈一首慢板舞曲給你們聽，這是阿根廷音樂家Ginastera的作品，阿根廷舞曲裡的第二首舞曲（Danzas Argentinas No. 2 Danza de la moza donosa）。這首曲子叫《優雅的小女孩》，旋律有些憂傷，但卻有著一股往前進的動力。每次我彈這首曲子，就會想起……」

她停頓了一下說：「就會想起我的好朋友。」她本來要說想起妹妹，但覺得把妹妹說成是朋友，她可以更容易繼續下去。

她清清喉嚨說，這位好朋友前些日子打了一場辛苦的仗，而這首曲子就像她朋友，優雅又勇敢。

她說不下去了，急急把譜翻好，開始彈了起來。

左手的旋律像划船一樣，一下又一下地前進。右手加入了左手，唱起了如夜鶯般美麗的旋律。Ginastera把和弦故意寫得不和諧，有點怪，有點卡在一起，但卻又怪得特別。好像小女孩穿著牛仔褲在跳芭蕾舞。

女孩跳著跳著，很多人來加入她跳舞，她一看是姊姊、是媽媽、是護士、是醫生、是朋友們，大家牽著她的手一起跳。

她跳著跳著不再悲傷，她緊緊握著大家的手，緊緊地。

她彈完，教室好安靜。

艾莉帶頭拍起手，她站起來謝謝大家。

下課了，大家走出教室，和他們說下個禮拜見。她帶上琴房的門，看看時間，十點。她想妹妹這時應該已經起來了，喝完第一杯咖啡，或許在做設計了呢！

她拿起電話，撥了妹妹家的號碼。「嘿，是我。對啊，今天這兒也好冷喔。剛上完第一堂課呢，你呢，在做什麼？真的？太好了。嗯，是啊……」她聽著妹妹輕柔的聲音，看著窗外，一隻青鳥飛過。

她笑了。聽說青鳥代表幸福。是的，此刻，她覺得非常幸福。

大學生不可思議

他看看我問說，那他可以收鋼琴學生嗎？

我手上的咖啡差點潑了出去。

開學了，系主任多納很緊張，他總是這樣，沒辦法。我辦公室的門半開著，學生要找我比較方便。我一面排課，一面聽到多納和學生的對話。

多納很有學生緣，因為他很隨和，也很愛和學生打成一片。

我聽他的聲音離我越來越近，他走進我的辦公室把門關起來。「嗨，獅子老師，有空嗎？我們有一個新學生，嗯，這個怎麼說？」

他拿了張椅子坐下，「他叫吉米，以前申請過鋼琴主修，但程度不夠我們沒有收他，結果他爸媽找上學校。我們沒有退讓，他們鬧了一陣子，吉米後來去修文學。他今年又重新申請，我們要他來面試，你說如何？」

我說沒問題，他得準備一些基本的東西，如音階，和三首不同樂派的曲子。

多納拿出手帕擦擦汗說：「那我們就排時間了，希望他會通過，也希望他爸媽不會再介入。」

吉米來面試，他很有自信地自我介紹，說他的志向是當鋼琴演奏家，到處開演奏會出唱片，我笑笑說那需要很努力。

他揚起下巴，開始彈他的指定曲。我一下就聽出他的基礎打得不穩，手勢及指法有待加強，但整個聽來還不錯。我想他若肯好好學，可以主修鋼琴。

多納聽了如釋重負，和吉米排課程去了。樂理老師柯萊等他們走了，翻翻白眼說：「謝啦，這下我們有得忙了。」

我問為什麼，他收收東西，笑而不答，對我眨眨眼，關門留下困惑的我。

吉米來上課，很愛談自己，他說他的Inner Child（心中的小孩）是十三歲，問我的心中小孩是幾歲。我說不知道，但我想知道他的巴哈練得如何。

他接著告訴我他想向幾個錄音室接洽，要錄他的鋼琴演奏。我說不急，他先好好練琴再說。他很不以為然，覺得我們音樂系開的課太簡單。我問以前有修過嗎，他說沒有，只覺得課都很無聊。

我好脾氣地告訴他，這些課不管他覺得無不無聊，可以讓他對音樂更瞭解，更豐富他的知識。他打了一個哈欠。

課上完後，他喜歡聊前天去的Pub有多瘋狂，他喝得有多醉，因宿醉而上課遲到，或是他一直在找靈感練琴，卻一直找不到靈感。

一個月過去了，兩個月過去了，眼看會考就要到了，他的曲子不只沒有練好，還有一半沒有學。我為他著急，他卻頻頻缺課。

我找多納商討，想不到樂理老師柯萊也在，我們三人竟都為了吉米頭痛。

多納說吉米常蹺指揮課，科萊說吉米的樂理一塌糊塗，原因也是蹺課，我們開始考慮要當掉他。

多納說：「我們給他一次機會。我會找他談談，讓他知道我們都很關心他，不希望他第一個學期就不行了。」

吉米應該聽進去了，學期末前他力挽狂瀾地低飛過關。

在放寒假前我給了他一張功課表，要他寫一篇巴哈和蕭邦的前奏曲報告，各練一首前奏曲，最好是報告上提到的，以及莫札特的幻想曲。他點頭發下重誓，不會讓我失望。寒假時，他一個禮拜寫一封E-mail給我，向我報告進度，我希望他真有做到他說的。

一下子寒假過完，吉米就一連缺了兩堂課，來上課時我向他要報告，他說明天馬上給，我要他中午前親自拿來，他拿來了，我馬上讀。

他的報告標題是貝多芬的奏鳴曲式比較。我說這不是我出的標題，他搔搔頭說他記得是。

那巴哈和蕭邦的前奏曲呢？他說他沒有譜，莫札特呢？他胸有成竹地說：「那首曲子的最後一行據學者研究不是莫札特寫的，我無法彈不是正版的東西，所以我沒練。」

我想我的頭開始冒煙了。你要當鋼琴演奏家，你要練琴啊，你至少要去找譜，你至少要認真，而學者的學說研究也是理論而已，我們彈得多高興，並沒有為這一行音樂「可能」不是莫札特寫的而不練！夢想有多高多遠，你就要那麼認真去追夢。

我沉默，一來調降我的怒氣，二來我要想想怎麼讓他知道鋼琴主修不是那麼容易的。我說：「吉米，我當學生時，一天練琴至少六個小時，那還是因為週間要上課，週末則是一整天泡在琴房的。不只是我，所有主修的學生都是這樣的。而我們這麼多鋼琴主修只有幾個很優秀的學生，非常優秀的學生，得以去參加鋼琴比賽，得獎後錄唱片。你這麼不用功，我不認為你可以主修鋼琴。」

他聽到這裡，有些緊張，不過眼神閃過一絲什麼，我看到了。心想你要爸媽來為你說情，我也不會介意，因為那也是為他好，讓他知道當學生就是要認真。

他看看我問說，那他可以收鋼琴學生嗎？我手上的咖啡差點潑了出去。

「不行。」我看進他的眼很堅決地說。

但很巧，我上完課聽到有學生在練琴，我走過去看看是誰這麼用功，學生看到我不好意思笑笑說他最近才在上鋼琴課。

「你知道吉米嗎？他是主修鋼琴的學生，他教我的。」

我臉色蒼白地點點頭，去敲多納的門，正要告訴他這件事。他看到我，叫我進去辦公室。

「你來得正好，我也要找你。」原來吉米的父母早了我一步，已和學校教務處開過會了，把音樂系好好批判了一番。

多納邊擦汗邊說：「這真傷腦筋啊，明明你叫他不可以收學生，他卻如此做了。」

我問他父母說什麼，「唉，他們說還不如讓吉米轉回文學系。獅子老師，你可以指定比較簡單的曲子給他嗎？讓他比較容易學，因為我們真的不能失去學生啊。」我告訴他讓我想想，便起身走了。

我知道多納有學校給的壓力。音樂系的學生本來就不多，吉米轉走，我們的學生會更少，但再給他更簡單的曲子，這樣的主修程度也說不過去。

我打了電話問朋友傑瑞，他是另一所大學的鋼琴教授。他聽完我的難題說，他不能告訴我怎麼做，不過他可以告訴我他的主修學生彈什麼。

「學生畢業後，你希望他們有怎樣的訓練，你朝這個方向去想。」傑瑞說。

我想了很久，告訴多納沒辦法。如果再給他簡單的曲子，他就不能主修鋼琴，可以去主修別的學科，多納嘆了口氣說好吧。吉米那學期沒有上完音樂系的課，就轉回文學系了。

期末我在收拾辦公室的東西，有人敲我的門，我抬頭一看，是吉米。他告訴我他明年就可以從文學系畢業了，我恭喜他。

他說他還是常練琴，也收了一些學生。他知道我無法阻止他，因為他已不是我的學生了，我笑笑恭喜他要畢業了。

我想起他說他心中的小孩只有十三歲，希望那小孩有長大的一天，而或許，他會彈起莫札特。

洛萍琴史

「小時候有一個和我年級相仿的男孩大衛，他也會彈琴，常來我家練琴呢。啊，他好帥，我們那村的女孩子都為他瘋狂呢，琴就是賣給他家的。其實我可以和他爸爸聯絡，看他願不願意賣給我，你或許也認識他們，姓XX。」

我聽到這個姓，大叫。

回家時接到一通電話留言，是一個叫洛萍的女人留的。

「嗨，獅子老師，你好。有很多人向我推薦你，我想和你學鋼琴。我的腦部受到傷害，醫生建議我學鋼琴，可以促進我的腦部復元，如果有空請打電話給我。」

我馬上打了電話給她。她很高興，告訴我她的故事。

二〇〇三年九月，我們小鎮發生了一場前所未有的大水災。

大雨下了三天都沒有停，剛開始我們都不覺得怎樣，因為下雨就下雨，以前也這樣下過。流經市內的俄亥俄河總會暴漲，市府要我們小心，就這樣，大家並不把水災放在心上。結果，第四天，雨並沒有下得特別大。我們都不知道，俄亥俄河已經暴漲到超過了安全線，還一直在上漲中。

那天中午，河水不再乖乖地在河裡流，而流出了河岸，流到了街上，流到停車場、流進了家家戶戶的地下室、一樓、學校教室……流到了整個城市，幾乎把小鎮淹沒。在這一天，很多人失去了家園，而洛萍在這天，差點就失去了生命。

洛萍是個律師，那天她辦完案子要去接小孩回家。一直開不到學校，因為路上都積水，轉了很多趟路，心越來越急，怕接不到小孩。

眼看路上的水越來越高，猛地一下，有車子撞上她，她失去了知覺。再醒過來，已經在醫院裡。

原來她被撞了以後，水倒灌到車裡，警察和救護車找到她時，她已不省人事，馬上為她做急救。命是救回來了，腦部卻受損。她無法繼續當律師，現在還在做復健，一切都恢復得不錯。只是想起來，還是心有餘悸。

她來上課那天，我在上瑪麗安的課，洛萍進來等。瑪麗安很可愛，要走時還向她說再見。

洛萍又緊張又興奮。我給她一本湯姆遜的《怎麼教小手指彈鋼琴》，她看了一直笑，說太可愛了。

她告訴我，她本來是美髮師。她的一個客戶很喜歡她，覺得她很聰明，鼓勵她去讀律師。在他的鼓勵下，她真的去讀法律學院，也考上了律師執照，嫁給了他，他們有兩個很可愛的小孩，只是這個不幸的意外之後，她就無法當律師了。她說，她也很享受當全職媽媽，以前太忙，現在可以彌補小孩。

我問她有什麼鋼琴。她說她有一台鍵盤，其實她最想要的一台琴是她媽媽在她十歲時買給她的，當她們都長大後離家，媽媽把它賣給了鄰居。她一直想把那台琴買回來。

「小時候有一個和我年級相仿的男孩大衛，他也會彈琴，常來我家練琴呢。啊，他好帥，我們那村的女孩子都為他瘋狂呢，琴就是賣給他家的。其實我可以和他爸爸聯絡，看他願不願意賣給我，你或許也認識他們，姓××。」

我聽到這個姓，大叫。大衛就是我好朋友凱莉的先生，我知道大衛的琴是他爸爸給他的，那他們的小孩瑪麗安彈的就是洛萍的琴！

我激動地告訴她，剛才和她說再見的小孩就是大衛的女兒，而我和他太太凱莉是好朋友呢。

洛萍一下子臉紅了，回到了十歲。她說：「請告訴我有關大衛的事，好嗎？」

初戀的力量太大了，這麼多年，洛萍提到他的名字還會臉紅。

我給她看瑪麗安的照片，她說像大衛。我給她看凱莉和我的合照，她瞇起眼說，聽說他太太很美麗。

我告訴凱莉洛萍的故事。她馬上問我，有沒有跟洛萍說她很性感、漂亮，我大笑。

後來，洛萍來上課，總是打扮得很漂亮。我知道她的「詭計」，或許，會遇到舊日情人來接小孩呢。

而凱莉來接小孩，也打扮得很漂亮。我問她幹嘛，她說若遇到洛萍，總不能太邋遢。情敵見面，場面應該會很火爆。我每次到了她們上課的那天，總是很擔心。幸好，不是洛萍遲到，就是瑪麗安早走。後來瑪麗安開始打籃球，得改上課的日期，我才免了這層擔心。

洛萍要我轉達她想買他們鋼琴的意願，大衛後來有和她聯絡上了。

大衛告訴她說，那鋼琴自從他爸爸買給媽媽後，一直是他家裡很重要的一環，現在女兒在學琴，而且他也常彈，意義非凡。洛萍說她願意買一台相等價錢的鋼琴和他換，他婉拒了。

洛萍告訴我的時候，她有點惋惜。不過她說，知道大衛擁有她的琴，她覺得這樣也很好，好像他保有了他們的童年。

想不到，學琴可以牽出這麼一段琴史。我也知道，洛萍會一直彈下去的，久久遠遠。

【後記二】老家的簽書會

六月台南的晚風，有些燥熱，有些悶，抬頭望夜空，竟可看到點點繁星。姑姑載我回鄉下老家看望叔叔嬸嬸們。每次回台灣，這已是一個必要的路程。想想早上才帶朋友到成大的榕園散步，她沒有到過台南，我們坐在榕樹下乘涼。

她一面擦汗，看我不怎麼喘，問我是否因為是台南孩子，所以對夏日的炎熱免疫了，我也答不出所以然。倒是姑姑知道我帶朋友在烈日下走路，驚嚇地說我不該這樣「招待」朋友。

晚上的公路讓我更認不出回鄉下的路。姑姑說常常修路，她得照原路開才不會迷路。

記得一回我自己開回去，卻找不到路。我停在路邊，打電話給阿公。阿公問我人在哪，我說在橋頭芒果攤旁，不一會兒，就看到阿公騎摩托車遠遠到來。姑姑聽我這樣敘述也笑了。

阿公、阿嬤走了很多年了，鄉下的老家現在當倉庫。

上次回來我照了張相，姑姑說不要讓別人看到這張照片，因為看來很破舊。老家廚房的門用鐵皮蓋上，看來的確蕭條，但以前我每次回來看他們時，推門而入，阿公、阿嬤都在裡面笑盈盈地迎接我們。

看那鐵皮門，我知道進不去了。

車子一個轉彎，看到了鄉下的國小。姑姑讚嘆說真想不到這麼小的地方有小學，叔叔們都是讀這所小學。再往下開就看到老家了，不過現在我們都直接開到叔叔家，而不停老家。

幸好是晚上，看不到老家，這樣也好。

叔叔家燈火大亮，大家已經站在門口等我們，堂弟抱著一歲的小姪子和我們揮手。我們下車，叔叔歡迎我們。叔叔發展的無患子產品頗負盛名，大廳望去盡是得獎的獎盃和獎狀。

以往叔叔一看到我，總會拉我去看最近他們得到的獎，或是報章雜誌的報導。我常常聽得津津有味，深深覺得無患子的神奇及他們的辛苦。而這次叔叔一看到我，拉我去看的是他們大桌子上的一疊書——我的書！

「爸爸一聽你出書，一口氣買了六本。」堂弟說。

叔叔要我坐下，他說：「來，幫我簽名。」

他很慎重地拿出一枝筆，把書打開。

我看著書放在桌子上，這裡不是誠品書店，不是出版社的辦公室，而是我台南鄉下的老家！我想起阿嬤，要是她還在的話，一定會很為我高興吧。

整本書，她可能只認得我的名字，那也就夠了。

我小時候常生病，阿嬤帶我去看病，得填掛號單，所以爸爸就教阿嬤寫我的名字。記得有一次我問阿嬤是否還記得怎麼寫，她拿起筆一筆一畫專心地寫起來，沒有錯誤。

小姪女依偎在我身旁要看我簽名，想不到我就在老家開起簽書會，心裡有種幸福的感覺。

姪女胖嘟嘟可愛的小臉，看了就覺得開心萬分。我問她讀幼稚園了沒，她童稚的聲音說：「我讀蘋果班。」大家都笑了起來。

從她圓滾滾的大眼睛裡我看到小小的我，一個鄉下孩子，在三合院前光著腳丫追著小雞和小狗，阿嬤總在身後叫我穿鞋子。

叔叔把我的書拿過去，又讀了起來。他家的牆上有很多名人的簽名，他要我也簽上一筆。

我笑說：「叔叔，不用吧。」

叔叔已經把簽字筆塞到我手上，我只好爬上椅子，找個地方簽了起來。

「寫大一點，字大一點。」叔叔指揮。

我寫的時候，彷彿看到阿嬤在寫我的名字。

她一面寫一面會說：「你雖然是女的，但在阿嬤的心裡，你是大孫。」

我眼角微溼，簽好字。

叔叔說，把村子的名字寫下來吧。

我微笑，把筆穩穩地握好，我寫下：台南，安定。

【後記二】獅子老師小時候

獅子媽媽

我的婆婆生了六個兒子，一個女兒，所以她很喜歡女孩。意青出生的時候，婆婆和公公都非常的高興，姑姑和叔叔們也都非常疼她。

那是民國五十年代，我們住在台南縣一個小小村子，曾祖父留下的雖是紅瓦厝，但是腳踩的是泥土地，睡的是木板床，連榻榻米也沒有；煮飯時燒的是甘蔗葉或撿拾的樹枝，臥房後面就是豬舍，扶桑花圍籬旁有一棵番石榴。前院一片小空地上，就是意青白天赤腳玩耍、追鴨趕鵝、夜晚看星星、月亮的地方。

不知道是因為體質，還是環境衛生的關係，她小的時候身體不是很好，三天兩頭要跑醫院，常常我一下班回家，婆婆就告訴我，她背著意青來回走了一個多小時的路，到鄰村去看醫生。

有時我下班早了，就換我背著她騎單車去，那位林老醫生知道我是老師，還自動幫我打折（三天的藥，原價十二元收八元）。

後來我們搬到台南市，那時候城裡的醫生很喜歡幫病人打針，許多小朋友打針時都嚎啕大哭，甚至一聽到要打針就不從。

我跟意青說她是很勇敢的孩子，跟別的小孩不一樣，所以她每次打針都笑嘻嘻的，打完針還很有禮貌的謝謝醫生跟護士，所以護士都很稱讚她。

妹妹出生時，意青已經兩歲了，她會幫忙餵妹妹喝奶、照顧妹妹。

妹妹睡覺時，她會把食指放在嘴上發出噓聲，要大家小心不要吵醒妹妹。

妹妹第一天上幼稚園，她自動要求留下來陪妹妹，勸妹妹不要哭。

後來爸爸考上公費留學，出國前要受訓，因為意青上一年級，學期還沒結束，爸爸就先帶著妹妹到台北去住在舅舅家，意青用注音符號寫了一封信給爸爸，要他好好照顧妹妹：「要是妹妹不乖，給她罵就好，不要給她打喔！」雖然是台式語法，但是疼惜妹妹的心，讓人感動。

她是一個活潑、喜樂的小孩，臉上總是帶著微笑，笑聲更是爽朗。

有一年幾位同事覺得意青很有禮貌，家教想必不錯，因此他們希望小孩能排到我班上，所以意青成了我教學上最好的代言者。

她很喜歡畫畫，幼稚園時就參加比賽，得過幾次獎。週末時爸爸都帶著她和妹妹去學畫，有時也到台南公園寫生。

二年級時，爸爸出國進修去了，我常常在假日騎著摩托車帶她和妹妹到下鯤鯓海水浴場去玩，每人租一個舊汽車輪胎，坐在輪胎上面隨著海浪漂來漂去，或是在沙灘上堆沙塔；有時去看全美戲院連映兩片的電影，換場時再吃一枝藍鷹紅豆冰棒，所費不多，但是卻帶給我們很大的歡樂。

六歲時，開始讓她學鋼琴，她還滿有音樂性的，也很喜歡彈琴。只是每次要去老師家學琴的時候都正好是卡通時間，要帶她出門總要三催四請，有時下課後，我會帶她去吃吃點心小小鼓勵一下。

四年級她就參加節奏樂隊班，同學之間的學習互動良好。五年級時，有一天，電視五燈獎節目到台南去初選，她跟好朋友去參加，早上沒有通過，下午又再去試一次，雖然沒被錄取，但是勇於嘗試的精神倒是值得嘉賞。

國中時，是她學習的困難期，我們做家長的雖然心急，但是能夠幫的就是幫她找補習的老師、準時接送、給她準備喜歡的餐點、聽她傾訴在學校的委屈、幫她打氣，也盡量的不去重視成績單上的數字。

雖然有些同事因為小孩是同校菁英，所以冷言冷語是常常會聽到的，但是我想，人人頭上一片天，相信意青是屬於晚熟型的，只要機會到了，自然會發揮出來。

後來她考上了五專音樂科，合乎她的興趣，上學時如魚得水；到美國留學之後，不同於國內的學風又讓她的求學之路更臻佳境，我們就放心了。

意青出生時我才二十出頭，母親這一課對我來說，是跟著她和妹妹一起學習成長的。

感謝她們帶給我許多美好愉悅的回憶，這份深醇的母女親情真是我人生的寶貴資產。

【獅子老師新書簽講會】

琴鍵上的教養課2——當孩子最好的啟蒙導師

主題：琴鍵上的教養課2——當孩子最好的啟蒙導師

主講人：獅子老師，德州休士頓大學鋼琴演奏碩士，三屆美國藝術教育最佳啟蒙老師獎得主

第一場

時間：2009年7月31日（星期五）晚上8點至9點

地點：誠品書店台南安平店2F書區

（台南市文平路207號，洽詢電話：06-2932568）

第二場

時間：2009年8月1日（星期六）下午2點30分

地點：金石堂信義店

（台北市信義路二段196號5樓，電話：02-23223361）

報名電話：02-27463955（免費入場，額滿為止）

凡參加的讀者，現場團購《琴鍵上的教養課2——當孩子最好的啟蒙導師》五本以上的作者簽名書，即贈獅子老師演奏CD一張，每場10張，送完為止

國家圖書館預行編目資料

琴鍵上的教養課 2：當孩子最好的啟蒙導師
／獅子老師著. -- 初版. -- 臺北市：寶瓶文化,
2009. 05
面； 公分. --(catcher ; 31)
ISBN 978-986-6745-76-8 (平裝)
1. 初等教育 2. 兒童教育 3. 通俗作品

523. 3 98010507

catcher 031

琴鍵上的教養課 2——當孩子最好的啓蒙導師

作者／獅子老師
主編／張純玲

發行人／張寶琴
社長兼總編輯／朱亞君
主編／張純玲・簡伊玲
編輯／施怡年
美術主編／林慧雯
校對／張純玲・陳佩伶・余素維・獅子老師
企劃副理／蘇靜玲
業務經理／盧金城
財務主任／歐素琪　業務助理／林裕翔
出版者／寶瓶文化事業有限公司
地址／台北市 110 信義區基隆路一段 180 號 8 樓
電話／(02) 27494988　傳真／(02) 27495072
郵政劃撥／19446403　寶瓶文化事業有限公司
印刷廠／世和印製企業有限公司
總經銷／大和書報圖書股份有限公司　電話／(02) 89902588
地址／台北縣五股工業區五工五路 2 號　傳真／(02) 22997900
E-mail／aquarius@udngroup.com

著作完成日期／二〇〇九年四月
初版一刷日期／二〇〇九年六月二十六日
初版五刷日期／二〇〇九年十二月十四日
ISBN／978-986-6745-76-8
定價／三〇〇元

AQUARIUS 寶瓶 文化事業

愛書人卡

感謝您熱心的為我們填寫，
對您的意見，我們會認真的加以參考，
希望寶瓶文化推出的每一本書，都能得到您的肯定與永遠的支持。

系列：Catcher031 **書名：琴鍵上的教養課 2——當孩子最好的啟蒙導師**

1. 姓名：＿＿＿＿＿＿ 性別：□男 □女

2. 生日：＿＿年＿＿月＿＿日

3. 教育程度：□大學以上 □大學 □專科 □高中、高職 □高中職以下

4. 職業：＿＿＿＿＿＿

5. 聯絡地址：＿＿＿＿＿＿

   聯絡電話：＿＿＿＿＿＿ 手機：＿＿＿＿＿＿

6. E-mail信箱：＿＿＿＿＿＿

   □同意 □不同意 免費獲得寶瓶文化叢書訊息

7. 購買日期：＿＿ 年 ＿＿ 月 ＿＿ 日

8. 您得知本書的管道：□報紙／雜誌 □電視／電台 □親友介紹 □逛書店 □網路 □傳單／海報 □廣告 □其他

9. 您在哪裡買到本書：□書店，店名＿＿＿＿＿＿ □劃撥 □現場活動 □贈書 □網路購書，網站名稱：＿＿＿＿＿＿ □其他＿＿＿＿＿＿

10. 對本書的建議：（請填代號 1.滿意 2.尚可 3.再改進，請提供意見）

    內容：＿＿＿＿＿＿

    封面：＿＿＿＿＿＿

    編排：＿＿＿＿＿＿

    其他：＿＿＿＿＿＿

    綜合意見：＿＿＿＿＿＿

11. 希望我們未來出版哪一類的書籍：＿＿＿＿＿＿

讓文字與書寫的聲音大鳴大放

寶瓶文化事業有限公司

（請沿此虛線剪下）

廣　告　回　函	
北區郵政管理局登記	
證北台字15345號	
免貼郵票	

寶瓶文化事業有限公司　收

110台北市信義區基隆路一段180號8樓

8F,180 KEELUNG RD.,SEC.1,

TAIPEI.(110)TAIWAN R.O.C.

（請沿虛線對折後寄回，謝謝）